Tsunetomo Yamamoto
Die besten Strategien
des Samurai

Zu diesem Buch

»Nicht länger als sieben Atemzüge« soll es dauern, bis man eine Entscheidung getroffen hat, schrieb Tsunetomo Yamamoto vor dreihundert Jahren im »Hagakure« (»hinter den Blättern«), dem Ehrenkodex für Samurais. In kurzen Kapiteln vermittelt das »Hagakure« zeitlose Wahrheiten im Umgang mit Macht und Karriere. Es zeigt den Weg zur Durchsetzung bei Konflikten, Gelassenheit bei Entscheidungen und schärft Verstand und Vertrauen in die eigenen Fähigkeiten. Ein besonderer Wegweiser in der heutigen Welt.

Tsunetomo Yamamoto, geboren 1659 in Japan, war Samurai, dann Zen-Mönch und diktierte das »Hagakure« zwischen 1710 und 1716.

Tsunetomo Yamamoto
Die besten Strategien des Samurai

Aus dem Englischen von
Guido Keller

Piper München Zürich

Der vorliegende Band basiert auf Tsunetomo Yamamotos Büchern »Hagakure« (SP 3281) und »Hagakure II« (SP 3349).

Von Tsunetomo Yamamoto liegen in der Serie Piper außerdem vor:
Hagakure (3281)
Hagakure II (3349)

Originalausgabe
Piper Verlag GmbH, München
Oktober 2001

Umschlag: Büro Hamburg
Isabel Bünermann, Meike Teubner
Umschlagfoto: Andrew Garn/photonica
Satz: Uwe Steffen, München
Druck und Bindung: Clausen & Bosse, Leck
Printed in Germany ISBN 3-492-23456-9

Erkenne die Bedeutung von *Bushido*

Ich habe dieses herausgefunden: *Bushido*, der Weg des Kriegers, liegt im Sterben. Wird man mit zwei Alternativen konfrontiert, Leben und Tod, so soll man ohne Zögern den Tod wählen. Daran ist nichts Schweres; man muß nur fest entschlossen sein Ziel verfolgen.

Wenn einige behaupten: »Ein Tod, ohne seine Bestimmung erlangt zu haben, ist ein sinnloser Tod«, so ist das die berechnende Art zu denken, die dem eitlen, verstädterten *Bushido* entspringt. Zwischen zwei Alternativen eingezwängt, kann man nur schwer den richtigen der beiden Wege wählen. Um sicherzugehen, bevorzugt jeder das Leben gegenüber dem Tod; man versucht, sich von der Vernunft des eigenen Überlebens zu überzeugen. Doch wenn man überlebt, ohne ein gerechtes Ende erlangt zu haben, ist man ein Feigling. Hierin liegt der entscheidende Punkt.

Solange jemand umgekehrt den Tod wählt, ohne sein Ziel erreicht zu haben, ist sein Tod frei von Schande, auch wenn andere ihn sinnlos oder wahnsinnig nennen mögen. Das ist die Essenz des *Bushido*. Wenn jemand jeden Morgen und Abend sich auf den Tod vorbereitet und ihn jeden Augenblick erwartet, wird *Bushido* zu seinem eigenen Weg, wodurch er seinem Fürsten sein ganzes Leben lang fehlerlos dienen kann.

Unerschrockene Ergebenheit dem Fürsten gegenüber

Der Krieger muß zuallererst mit unbeugsamer Ergebenheit seinen Fürsten im Geist wertschätzen. Das macht ihn zu einem höchst wertvollen Gefolgsmann. Eingedenk der großen Dankbarkeit, die man der Linie der Fürsten für ihre aufmerksame Behandlung der Vorfahren schuldet, darf jemand, der in diesen ehrenhaften Clan hineingeboren wurde, welcher generationenlang erblühte, mit Herz und Seele nur an seinen Fürsten denken. Wenn jemand seinem Fürsten durch Intelligenz und Talent und aufgrund seines Rangs von Nutzen sein kann, ist er noch wertvoller.

Selbst ein nutzloser Mann, der nichts auf zufriedenstellende Weise tun kann, ist ein vertrauenswürdiger Gefolgsmann, solange er ganz seinem Fürsten ergeben ist, während jemand, der seinem Fürsten nur mittels eigener Intelligenz und Talent dient, ohne diese grundlegende Ergebenheit zu besitzen, niedriger anzusiedeln ist.

Wirf unbedeutende Subjektivität weg

Manche Menschen können sich von Natur aus auf ihre Energiequellen für spontane Entscheidungen verlassen; andere müssen sich im Bett hart den Kopf zerbrechen, um zu einer endgültigen Lösung zu gelangen.

Jedermann wird mit einem unterschiedlichen Maß an Weisheit geboren. Jemand entdeckt Weisheit in sich, von der er nicht einmal träumte, wenn er nur klar über sein Ego nachdenkt und aufgrund der vier Ratschläge* handelt. Auch wenn jeder gern glaubt, eine Lösung für das schwierigste Problem durch ernsthaftes Nachdenken zu entwickeln, führt ein Werten, das sich auf das eigene Ego gründet, zu nichts als negativen und nutzlosen Ideen, wie angestrengt man auch nachdenkt. Wir beschränkten Menschen halten es für sehr schwierig, unsere subjektive Art des Betrachtens abzustellen.

Wenn jemand einem ernsthaften Problem gegenübersteht, muß er es erst einmal ein Weilchen zur Seite legen, sich auf die Grundlagen besinnen, die in den vier Gelübden zitiert werden, und frei von seinem Ego entscheiden. So wappnet er sich gegen ernste Fehlurteile.

* Siehe Seite 16.

Erkenne die Grenze eigener Weisheit

Man ist geneigt, angestrengt zu versuchen, jede Situation mit dem bißchen Weisheit, das man hat, zu beurteilen und so mit ihr klarzukommen. Das gebiert negative, egozentrische Gedanken gegen die Vorsehung und wandelt sich in Laster.

In den Augen eines Außenstehenden ist solche Weisheit schmutzig, kläglich, von enger Sichtweise und, nicht zuletzt, zu dumpf für spontanes Handeln. Wenn einem keine wichtige Idee in den Sinn kommt, sollte man besser einen Weisen um Rat fragen. Der Weise, den die Angelegenheit nicht selbst betrifft, kann uneigennützig und offen über den Fall urteilen. Ein solches Urteil, fest und überzeugend, beeindruckt Dritte und kann mit einem riesigen Baum verglichen werden, der von vielen starken Wurzeln genährt wird, während ein Urteil, das aus begrenzter Weisheit entsteht, einem einsamen Baum in der öden Leere eines weiten Feldes gleicht.

Ein Mann, dessen Herz im Einklang mit dem seines Fürsten ist

Sagara Kyuma war ein Gegner für Tausende, der schon lange sein Leben aufgegeben hatte. Sein Herz war im Einklang mit dem seines Fürsten. Einmal hielt Prinz Sakyo, der den Fürsten Mitsushige nicht leiden konnte, ein geheimes Treffen auf seinem Gut in Mizugae ab, wo man entschied, Kyuma zum Tod durch *Seppuku** zu zwingen, wodurch Fürst Mitsushige den Minister verlieren würde, dem er am meisten vertraute. Kyuma erfuhr davon, mietete ein Teehaus auf dem Anwesen von Taku Inu, brachte eine Armee von Taugenichtsen herbei und veranstaltete ein Puppentheaterstück. Kyuma führte die Puppen gar selbst. Das ausgelassene Trinkgelage in der Nähe von Prinz Sakyos Anwesen dauerte Tage und Nächte an. Kyumas Absicht hinter diesem ungebührlichen Benehmen war, sich selbst so in Mißkredit zu bringen und damit seinen Fürsten zu entehren, daß er sich würdevoll dem geplanten *Seppuku* entziehen konnte.

Sei fest entschlossen, für den Fürsten zu sterben

Ein Gefolgsmann, der das Los seines Fürsten teilt und diesem alle Entscheidungen überläßt – ob gut oder böse – und sein Leben aufgibt, verfolgt aufrichtig und ernst sein Ziel. Ein paar solcher Gefolgsmänner

* Ritueller Suizid eines Samurai.

sind genug, um den Clan des Fürsten zu stärken. Wie ich jahrelang beobachtete, gab es viele Gefolgsleute, die ihrem Fürsten mit Hilfe ihrer Intelligenz, Verschwiegenheit und ihres künstlerischen Talents dienten, dann aber dazu neigten, ihre treue Haltung hier und da aufzugeben, wenn die Dinge gut liefen. Nach dem Abdanken oder dem Tod ihres Fürsten kehrten sie ihm sofort den Rücken zu, um sich bei denen einzuschmeicheln, die nun das Sagen hatten – ein wahrhaft abstoßender Anblick.

Männer von hohem und niedrigem Rang, Männer von bemerkenswerter Intelligenz oder ebensolchem Talent, sie alle wetteifern miteinander um ihren Nutzen für ihren Fürsten, bis die Zeit für sie kommt, für den Fürsten zu sterben, wo sie plötzlich schwache Knie bekommen und einen unangenehmen Anblick bieten. Umgekehrt wird ein Mann von geringem Nutzen ein Gegner für Tausende in Zeiten der Not, weil er schon lange sein Leben aufgegeben hat und im Geiste ganz auf seinen Fürsten eingestellt ist. Als mein Fürst starb, ging ich als einziger mit gutem Beispiel voran, der seinem Fürsten folgte.* Wenn es auch bestimmte Männer mir daraufhin gleichtaten – Hochrangige,

* Der Autor Yamamoto Tsunetomo, auch Jocho genannt, der dies erzählt, wurde nach dem Tod des Fürsten Mönch, weil ihm jede Art von *Seppuko* verboten war.

die großspurig daherredeten und andere verdrängten, kehrten dem Fürsten den Rücken zu, sobald er seinen letzten Atemzug getan hatte.

Solche Dinge, wie das Band zwischen Fürst und Gefolgsmann und tiefe Treue, erschienen wie weit entfernte Eigenschaften, bis sie sich selbst vor meinen Augen offenbarten. Ein Mann, der bereit ist, für seinen Fürsten zu sterben, ist darum ein ausgezeichneter Gefolgsmann.

Gib dein Leben zugunsten deines Fürsten auf

Während meines Aufenthalts in Kyoto wurde ich plötzlich von dem Verlangen getrieben, zum Clan zurückzukehren, wo ich mit einem gewissen Mann vereinbarte, als Abgesandter seines Herrn auftreten zu können, und reiste in dieser Eigenschaft den ganzen Tag und die ganze Nacht zurück nach Saga. Wie durch ein Wunder kam ich gerade noch rechtzeitig zum Ende meines Fürsten. Die Nachricht, daß sich die Gesundheit des Fürsten plötzlich verschlechtert hatte, hatte unsere Männer in den Städten noch nicht erreicht, als ich Kyoto verließ.

Vielleicht wurde der bevorstehende Tod meines Fürsten mir durch Buddha und die Götter eingegeben, als Antwort auf meinen hartnäckigen Glauben seit meiner Jugend, daß ich der einzige Gefolgsmann des gesamten Clans sei, der unseren Fürsten als den Allerhöchsten verehrte. Wenn ich im Gefolgsdienst auch weder bekannt noch verdienstvoll war, glaube ich doch, den Fürsten vor Schande bewahrt zu haben, wie ich das immer fest versprochen habe. Stirbt ein Feudalherr, und gibt es niemanden, der seinem toten Fürsten folgt, ist dies ein trostloser Anblick.

Es gibt leider keinen Gefolgsmann, der sein Leben opfert. Man muß sein Leben nämlich nur um seines Fürsten willen dahingeben, sonst nichts. Die Welt ist voller Menschen, die furchtsam, feige und von Gier besessen sind und ihren eigenen Interessen nachstreben. Noch viele Jahre nach dem Tod meines Fürsten war mein Geist von entmutigenden Gefühlen umwölkt.

Sei vorsichtig mit Vorhaltungen gegenüber anderen

Anderen Vorwürfe zu machen, um ihre Verfehlungen zu korrigieren, ist als Ausdruck von großer Gnade und Mitleid einer der wichtigsten Dienste, die von einem Gefolgsmann erwartet werden. Das erfordert ein extremes Maß an Taktgefühl.

Es ist einfach, das Gute und Böse in einem anderen herauszufinden; gleichermaßen ist es einfach, ihn für seine Verfehlungen zu kritisieren. Viele Menschen halten es für angebracht, anderen offen Ratschläge zu erteilen über etwas, was nicht bereitwillig akzeptiert wird und als Thema schwer anzuschneiden ist, und geben auf, wenn die Ratschläge nicht angenommen werden. Das nützt niemandem, weil andere so nur der Scham und dem Gesichtsverlust ausgesetzt werden.

Solche Ratschläge beruhigen lediglich den Geist des Ratgebers.

Bevor man einem anderen Rat erteilt, muß man zuerst feststellen, ob der andere sich in geeigneter Verfassung befindet, mit einem für Belehrung offenen Geist, und dann so familiär mit ihm werden, daß er dem Ratgeber vertraut. Man muß hin und wieder die Aufmerksamkeit des anderen erregen, indem man auf dessen Neigungen und andere Dinge, die ihn interessieren, eingeht. Dann muß man sorgsam die beste Zeit und Methode auswählen und die beabsichtigte Belehrung beiläufig einfließen lassen, ohne direkt zu belehren, sondern in Form von gelegentlichen Briefen, Abschiedsbesuchen oder diskretem Gespräch über die eigenen Mängel und Schnitzer.

Wahres Belehren liegt darin, den anderen die Ermahnung ganz natürlich schlucken zu lassen, wie

Wasser in einer durstigen Kehle, wie eine Kur für die Verfehlungen des anderen, nachdem man ihn durch Loben seiner Stärken aufgebaut hat. Belehren ist eine schwierige Aufgabe. Ich weiß, daß Fehler, die normalerweise langlebig sind, nicht auf üblichem Wege wettgemacht werden können. Wahre, große Gnade und Mitleid offenbaren sich, wenn sich Gefolgsleute eines Clans untereinander in Brüderschaft zusammentun, des anderen Schwachpunkte korrigieren und sich anstrengen, ihrem Fürsten als ein Mann zu dienen. Wie kann jemand dieses letztgültige Ziel erreichen, wenn er andere bloß der Scham aussetzt?

Unterdrücke ein Gähnen

In der Gegenwart von anderen zu gähnen ist ungebührlich. Bei einem unerwarteten Gähnen reibe deine Stirn mit der Hand von unten nach oben, was normalerweise genügt, um ein Gähnen zu unterdrücken. Wenn das nicht hilft, verberge das Gähnen vor anderen, indem du die dicht geschlossenen Lippen mit deiner Zungenspitze leckst, dein Gähnen hinter dem Ärmel oder deiner Hand verbirgst. Das gleiche gilt fürs Niesen. Gähnen und Niesen lassen dich meist närrisch aussehen. Es gibt noch viele andere Dinge, auf die du achten mußt, um dich richtig zu benehmen.

Sei ein aufmerksamer Gast

Es ist ratsam, zu überlegen und zu notieren, was man am nächsten Tag erledigen muß. Das läßt dich vor anderen auf geeignete Schritte vorbereitet sein. Der Fürst würde sicher den Mann genau studieren, den er am nächsten Tag besuchen will, sorgfältig angemessene Begrüßungen und Gesprächsthemen auswählen. Wenn man seinen Fürsten bei einem Besuch begleitet oder allein zu einem Gespräch geht, sollte man im voraus genau über den Gastgeber nachdenken, um Beleidigungen während des Besuchs zu vermeiden. Das ist der Weg zur Harmonie zwischen Menschen und zu sozialer Höflichkeit.

Wird jemand von einem hochstehenden Mann oder einem ähnlichen Würdenträger eingeladen, kann er keine gute Gesellschaft sein, wenn er sich vor dem Besuch sehr angespannt fühlt; der rechte Weg ist, für die Gelegenheit aufrichtig dankbar zu sein und mit großer Freude die kommende Begegnung zu erwarten.

Grundsätzlich sollte man nicht uneingeladen Besuche abstatten, wenn es nicht unumgänglich ist. Wenn umgekehrt jemand eingeladen wird, kann er so lange kein echter Gast sein, bis sein Benehmen den Gastgeber davon überzeugt, daß er ein zufriedenstellender, aufmerksamer Besucher ist.

Es ist für einen Gast sehr wichtig, sich auf einen Besuch vorzubereiten, indem er sich vorher die geplante Gesellschaft bildlich vorstellt. Bei einem Trinkgelage oder ähnlichem ist es am wichtigsten, zu bedenken, wann man sich entschuldigen und entfernen darf. Ich möchte Menschen weder gelangweilt zu spät noch zu früh gehen sehen, womit sie ein vergnügliches Treffen vereiteln. Normalerweise ist zuviel Zurückhaltung unangemessen, wenn man zu einem Abendessen eingeladen wird. Nachdem der Gastgeber ein- oder zweimal das Essen angeboten hat, sollte man dessen Freundlichkeit annehmen*.

Die letzte Bedeutung der vier Gelübde

Indem man schwört, »nie hinter den anderen auf dem Weg des Kriegers *(Bushido)* zurückzubleiben«, muß man sich auch entscheiden, seine militärische Tapferkeit allen Menschen auf der Erde bekannt zu machen. »Sich dem Fürsten nützlich machen« heißt, den Fürsten zugunsten einer besseren Verwaltung des Clans

* Heute noch wird es in Japan als angemessene Form der Zurückhaltung angesehen, erst ein-, zweimal die angebotene Speise abzulehnen, auch wenn dann natürlich vom Gast erwartet wird, daß er sie ißt.

zu belehren, nachdem man zum Berater befördert worden ist. Die »Sohnespflichten« gehen mit der Treue gegenüber dem eigenen Fürsten einher; sie sind von der gleichen Natur. »Für das Gute der anderen zu arbeiten« bedeutet, sich darum zu bemühen, daß alle anderen Männer nützliche Gefolgsleute ihres Fürsten werden.

Sei auf jede Situation vorbereitet

Militärische Taktik und Strategie erzählen uns von fähigen und unfähigen Männern. Erstere sind nicht nur weise durch Erfahrung, sondern auch bereit, jedes Problem im entscheidenden Augenblick auf bewundernswerte Art zu lösen, geleitet von ihrem früheren Studium verschiedenster Fälle. Das sind Männer, die auf jede Situation vorbereitet sind. Dagegen beschäftigen sich die anderen nicht schon im voraus mit den Möglichkeiten. Wenn sie ein Problem lösen, ist das nichts als zufälliges Glück.

Die Absichten anderer erkennen

Man sagt: »Wenn du die Absichten der anderen erkennen willst, werde krank!« Wer in gewöhnlichen

Zeiten mit anderen vertraut umgeht, sich dann aber plötzlich bei Schwierigkeiten von ihnen distanziert, ist verachtenswert. Man nennt ihn einen Samurai mit Hühnerherz. Wenn sein Freund krank oder in persönlichen Nöten ist, muß ein Samurai ihn aus Zuneigung unterstützen, nach seinem Befinden fragen, Geschenke überbringen lassen und auch heimlich helfen. Jemand sollte niemals in seinem Leben sich von einer Person abwenden, der er moralisch verpflichtet ist. All diese Dinge werfen ein Licht auf das wahre Herz eines Mannes. Es gibt viele, die sich bei Problemen stark auf andere verlassen und, sind die Schwierigkeiten vorüber, die Freundlichkeit und Hilfe der anderen glatt vergessen.

Entschlußkraft strahlt aus

Solange jemand seine tiefsitzende Bereitschaft zur Tugend wachhält, wird er zweifellos als erster für eine schwierige Aufgabe bei einem Notfall ausgewählt. Diese Bereitschaft offenbart sich im täglichen Benehmen und der Art zu sprechen. Von höchster Bedeutung sind beiläufige Bemerkungen. Dabei sollte man nicht sein Herz ausschütten. Entschlußkraft wird durch das Verhalten im Alltag offensichtlich.

Ein Mann weniger Worte

Im Dienst hielt mich meine feste Hingabe an die Pflichten davon ab, bei der Arbeit oder zu Hause nachlässig zu werden. Ich bemühte mich, meinen Mund zu halten und dann, wenn eine Angelegenheit nicht mit verschlossenen Lippen bereinigt werden konnte, nur ein Wort statt zehn zu äußern. Yamazaki* Kurando war auch von dieser Art.

Bedenke stets den Weg des Samurai

Ein Gefolgsmann muß stets den Weg des Samurai im Auge behalten, doch die meisten achten nicht darauf. Man erkennt es, wenn man sie fragt: »Was sind die wichtigsten Dinge auf dem Weg des Samurai?« Nur wenige können darauf antworten, weil sie die grundlegende Wahrheit nicht erkannt haben.

Der korrekte Umgang mit der Trinkerei

Man kann nicht vorsichtig genug mit seinem Verhalten bei Feiern sein. Wie ich auf verschiedenen Festen

* Ein Clanratgeber.

beobachten konnte, beugen sich die meisten Männer über nichts anderes als ihre Getränke. Trinken ist erlaubt, tut es jemand dann, wenn er es tun sollte. Wenn nicht, sieht er schmachvoll und plump aus, seine täglichen geistigen Gewohnheiten und sogar sein wahrer Charakter offenbaren sich. Sei dir klar darüber, daß ein Fest eine öffentliche Funktion hat.

Immer nur integer sein vereinsamt

Ein gewisser alter Gefolgsmann predigte extreme Genügsamkeit in allen Aspekten des Lebens. Eine alte Weisheit lautet: »Ein zu klarer Strom wird von Fischen gemieden.« Fischc können überleben und aufwachsen, indem sie sich unter Wasserlinsen und anderen Objekten im Wasser verstecken. Nur wenn ein Vorgesetzter über die kleinen Mängel seiner Männer hinwegsieht, können sie in friedvollem Geist leben. Dies gilt auch für ihr Verhalten.

Zuerst kommt die Vitalität

Als ich Yasaburo ein Gedicht auf eine rechteckige Karte schreiben ließ, betonte ich die Vitalität in der

Kalligraphie mit den folgenden Worten: »Stell dir vor, du würdest nur ein Wort über die gesamte Karte schreiben, als würdest du die Karte mit deinem Pinsel zerreißen. Ob deine Kalligraphie vorzeigbar wird oder nicht, hängt von deiner Energie ab. Alles, was von einem Samurai verlangt wird, ist, daß er sich voller Lebensenergie fühlt und nicht müde und nachlässig.«

Ziele eines Gefolgsmannes

Der heutige Gefolgsmann hat, so scheint es, nur wenig Ambitionen. Wie ein Taschendieb, der nervös seine Beute im Auge behält, wird er von Eigeninteresse oder seiner eigenen Klugheit angetrieben. Sogar ein angemessen Selbstbezogener gibt kaum vor, richtig ehrgeizig zu sein.

Kein Samurai kann sich als Gefolgsmann im wahrsten Sinne qualifizieren, solange er sich nicht ganz zu seines Fürsten Verfügung hält, ohne Zögern von sich selbst denkt wie von einem, der bereits tot ist, zu jeder Zeit ernstlich um das Wohlergehen seines Fürsten besorgt ist und seine wohldurchdachten Vermutungen über die Probleme des Clans seinem Vorgesetzten darlegt, wodurch er zur Stärkung des Clans beiträgt.

Diese Regel der großen Ziele eines Gefolgsmannes gilt auch für Samurai der oberen und unteren Kasten. Sei darum voll entschlossen, diese Ziele zu erreichen, ohne im mindesten zu schwanken, selbst wenn die Lehren Buddhas oder der Götter dem entgegenstehen.

Verweiblichte Männer

Der Arzt Matsukumamae-no Kyoan soll gesagt haben: »In der Medizin werden Männer und Frauen auf unterschiedliche Arten als positiv und negativ eingeteilt; der Puls eines Mannes ist auch verschieden von dem einer Frau. In den vergangenen fünfzig Jahren jedoch verschwand dieser Unterschied zwischen den Pulsen. Von diesem phänomenalen Wandel wachgerüttelt, begann ich beispielsweise, Augenkrankheiten der Männer wie solche von Frauen zu behandeln. Weil ich keine erfolgreiche Prognose bei männlichen Patienten stellen konnte, die ich mit Medizin für Männer behandelte, wurde mir klar, daß sie ihren männlichen Geist verloren hatten und in diesen verkommenen Tagen verweiblicht waren. Diese Tatsache behielt ich wie ein Geheimnis für mich.«

Also haben die meisten Männer heutzutage nachweislich den weiblichen Puls; nur wenige Männer sehen wirklich männlich aus. Das macht es für wirkliche Männer leicht, mit nur geringer Anstrengung den anderen vorauszueilen.

Der Verlust männlichen Mutes wird auch an der Tatsache klar, daß Männer einen Kriminellen, dessen Hände auf dem Rücken zusammengebunden sind, nicht mehr köpfen können. Wenn es für einen Sekundanten desjenigen, der *Seppuku* begeht, zum heiligen Dienst des *Kaishaku** kommt, gilt es heute als weise und angemessen, diesen Dienst trickreich zu verweigern. Vor vierzig oder fünfzig Jahren wurde ein Schnitt in die Lymphgefäße der Leiste als Einstieg ins Männerdasein betrachtet. Ein Mann schämte sich, seine Rippen anderen zu zeigen, wenn sie keine Schnittnarbe hatten, und zwar so sehr, daß manche Männer sich diese Schnittwunden selbst zufügten. All diese Dinge wurden für tapfer und Männern angemessen gehalten, während Männer heutzutage dazu neigen, sie als Ausdruck von Dummheit zu verurteilen, Angelegenheiten nur mit sanfter Zunge zu verhandeln und jede harte Anforderung zu meiden. Junge Men-

* *Kaisbaku-nin* heißt der Dienst des Sekundanten beim *Seppuku*, das als *Harakiri* bekannter ist. Um den Samurai von langen Todesqualen zu befreien, schlägt er ihm den Kopf ab. Meist wurde ein Freund oder Verwandter des Samurai um diesen Dienst gebeten.

schen sollten diesen unglücklichen Trend sorgsam bedenken.

Mein kurzer Dienst

Während es Gefolgsleute von sechzig, siebzig Jahren im aktiven Dienst gibt, habe ich im Alter von zweiundvierzig Jahren den religiösen Dienst aufgenommen. Mein Gefolgsdienst war, wenn ich zurückschaue, von kurzer Dauer. Doch ich kann nur voller Dankbarkeit für die glückliche Wendung der Ereignisse an die Jahre meines Dienstes denken.

Als ich buddhistischer Mönch wurde, hielt ich mich für einen, der bereits die Welt verlassen hatte. Wenn ich genau darüber nachdenke, hätte mich sicher ein Berg voller Sorgen gequält, wenn ich bis heute im aktiven Dienst gestanden hätte. Mein extremes Glück war von Dauer und die letzten vierzehn Jahre sorgenfrei und friedvoll. Mehr noch, mein Gefolgsdienst wurde erst möglich durch die guten Gefälligkeiten von Männern, die mich für einen vertrauenswürdigen Mann hielten. Es ist nicht weniger als ein Wunder, daß ich meine niedere Natur so lange unentdeckt halten konnte. Ihre gütige Freundlichkeit, die mehr war, als ich verdiente, macht mir Gewissensbisse.

Die Tugend der Konzentration

Priester Tannen erzählte mir: »Man wird normalerweise gelehrt, sich durch und durch von allen Ideen und Gedanken für die Erleuchtung freizumachen, ohne sie zu verstehen; die Tugend der Konzentration mit reinem Herzen steht mit der Tugend der Freiheit von allen Ideen und Gedanken in Verbindung.« Das ist wahrhaft treffend formuliert. Fürst Sanenori zeigte mir, daß der Weg der Wahrheit sich selbst offenbart, wenn man ernsthaft seinen Geist wenigstens einen Atemzug lang frei vom Bösen hält. Die Ideen der beiden weisen auf ein und dasselbe hin. Leider können dies nur wenige Menschen schätzen. Um rein und einfach zu werden, muß man beharrlich üben.

Gib niemals an, indem du grundlos mit deinem Fürsten streitest

Zur Zeit der Verlobung von Prinzessin Mine disputierte ein Angestellter, der sie bediente, keck mit dem Fürsten. Das liefert jüngeren Menschen Nahrung für ernsthafte Gedanken. Es muß einige Menschen gegeben haben, die diesen gewagten Disput für vernünftig hielten, für wohlgesprochen und eines wahren

Gefolgsmannes würdig. Manche mögen überzeugt gewesen sein, daß der Mann, nachdem er so gesprochen hatte, mehr als glücklich gewesen wäre, durch *Seppuku* zu sterben. Denkt noch einmal darüber nach! Jeder, der solch einen Mann für einen lobenswerten, mutigen Samurai hält, steht unter einem völlig falschen Eindruck.

So geschah es dann, daß der kecke Gefolgsmann den Fürsten mit seiner hohen Meinung nicht beeindrucken konnte. Noch konnte er weiterhin der Prinzessin dienen, weil er gezwungen war, seinen Dienst zu quittieren. Selbst als sie kurz danach bettlägerig wurde und verstarb, konnte er nicht bei ihr sein. Was für ein Unglück für einen wahren Gefolgsmann!

Das ist die Falle, in die hochgeistige Männer oft tappen. Ein Mann, der mit seinem Fürsten aneinandergerät, wird untreu, wenn er nicht eine Position innehat, die für solche Belehrung taugt. Ein wahrhaft loyaler Gefolgsmann würde zuerst einen anderen auf angemessenem Posten in seine Idee einweihen und ihn diese dem Fürsten erklären lassen, als wäre es seine eigene Meinung, wodurch die ursprüngliche Idee sicherlich fruchtbare Ergebnisse erzielte. Wenn der andere Mann, dem man sich so anvertraut, dies nicht selbst weitergeben will, kann er einen dritten geeigneten Mann kontaktieren oder andere Schritte bedenken. Welche Maßnahme auch immer ergriffen wird, das letzte Ziel lautet, den Fürsten die Idee des Belehrenden annehmen zu lassen. Man muß andere Menschen nicht von seiner inneren Loyalität wissen lassen.

Wenn die Beratung mit anderen keinen guten Fortschritt macht, belasse es fürs erste dabei, unternimm aber immer wieder weitere Anstrengungen in Richtung auf das Ziel, so kannst du dein Vorhaben in den meisten Fällen verwirklichen.

Manche Männer neigen dazu, sich selbst für solche Dreistigkeit zu loben und als mutige Samurai zu bezeichnen. Doch das kann nicht von Nutzen sein, und sie werden mit Kritik übergossen werden. Das Leben vieler Samurai wurde auf diese Art ruiniert, eine selbstverschuldete Folge des Bedürfnisses nach wahrer Loyalität. Ein Gefolgsmann, der sein Selbst ganz zugunsten seines Fürsten aufgibt, ohne Rücksicht darauf, was ihm selbst passieren wird, wird niemals die Wahl des rechten Weges verfehlen.

Zuschauer sehen mehr als Spieler

Gerechtigkeit zu erreichen, angetrieben von der Abneigung gegen Ungerechtigkeit, ist schwer. Die

Gerechtigkeit immer wieder gemäß des eigenen Glaubens an sie zu suchen, führt einen Menschen häufig zu groben Fehlern, weil Wahrheit weit jenseits des Armes der Justiz liegt und nur schwer zu finden ist, es sei denn, jemand ist mit höchster Weisheit ausgestattet.

Wenn jemand Wahrheit nicht selbst finden kann, gibt es immer noch einen Weg dorthin: andere um Rat zu fragen. Selbst ein Mann, der niemals hoffen kann, Wahrheit zu erlangen, kann sehr wohl die Angelegenheiten eines anderen analysieren, so wie oft vom Zuschauen beim Go-Spiel gesagt wird: »Zuschauer sehen mehr als Spieler.« Obwohl ein Sprichwort sagt: »Denke immer wieder allein nach, um zu erkennen, daß du irrst«, kann eine schwierige Angelegenheit am besten gehandhabt werden, indem man andere um Rat fragt. Durch Zuhören und Lesen zu lernen bedeutet, den Gedanken weiser, alter Männer zu folgen.

Kein Ende der lebenslangen Übung

Ein bekannter Schwertkämpfer legte im Alter seine Sichtweise folgendermaßen dar: »Lebenslange Übung hat ihre verschiedenen Stufen. Die Untalentierten werden nirgendwohin gelangen, welcher

Übung auch immer sie ihren Geist unterziehen, ihr Können erscheint sowohl anderen als auch ihnen selbst als armselig. Ihre Fähigkeit hat überhaupt keinen Nutzen. Auf der nächsten Stufe stehen die wenig Talentierten, die – nicht recht zu gebrauchen – mit ihren unprofessionellen Leistungen unzufrieden sind und auch die ungeschickten Seiten bei anderen sehen; während die Talentierten, deren Fähigkeiten nutzbar sind, jede Unze der Kunst zu ihrer eigenen machen können, stolz auf ihr Können und verärgert über die unvollständigen Fertigkeiten anderer.

Die über den Talentierten Stehenden täuschen Ignoranz vor, dennoch können andere ihre wahren Fähigkeiten erlangen. So weit kann ein Mann normalerweise beim Ausüben irgendeiner Kunst gelangen. Weit jenseits dieser Stufe liegt die höchste Ebene, auf der man die allerletzte Sphäre einer Kunst erklimmt. Einmal tief darin, erkennt man im immerwährenden Wissen des eigenen, niemals vollendeten Könnens, daß für das Ausüben einer Kunst kein Ende existiert. So lebt der Meister sein Leben, sich seiner Unvollkommenheit bewußt, niemals mit seinen Fähigkeiten zufrieden, selbst an seinem allerletzten Tag nicht, weder eingebildet noch herablassend.

Yagyu wurde so vernommen: ›Ich weiß nicht,

wie ich andere besiegen kann, ich weiß nur, wie ich mich selbst bezwingen kann.‹ Lebenslange Übung kennt kein Ende; man muß sich nach jedem Tag des Trainings verbessert finden und Vollkommenheit auf seinem gesamten Lebensweg anstreben.«

Dinge von großer Bedeutung sollten gelassen angegangen werden

Eine Regel, die von Fürst Naoshige in dem *Schreiben an der Mauer* hinterlassen wurde, liest sich so: »Dinge von großer Bedeutung sollten gelassen angegangen werden.« Ittei sagt in seinem Vorwort zu dieser Regel: »Dinge von geringer Bedeutung sollten ernsthaft angegangen werden.«

Angelegenheiten von großer Bedeutung darf es nur so wenige geben, wie täglich nach Antworten darauf gesucht werden kann. Diese Regel scheint mir zu raten, Entscheidungen bei ernsten Angelegenheiten im voraus wohl zu formulieren und dann leicht den Entschluß zu fällen, wenn man der ernsten Sache gegenübersteht. Wenn andererseits jemand keine täglichen Entscheidungen fällt, kann ein Entschluß nur schwer an Ort und Stelle geschehen, so daß jemand leicht versagen kann. Ich denke also, tägliche Entschlüsse sind die Grundlage für des Fürsten Vorschrift: »Dinge von großer Bedeutung sollten gelassen angegangen werden.«

Achte die Wege der Provinz Saga

Ein Gefolgsmann, der seine Amtsdauer von mehreren Jahren in Osaka beendet hatte, kam nach Hause zurück, wo er der Verwaltungsbehörde im Dialekt von Osaka Bericht erstattete. Das enttäuschte die anderen, die ihn zur Zielscheibe ihres Spottes machten.

Wenn man lange Zeit in Edo oder Osaka dient, sollte man den Heimatdialekt sogar häufiger als nötig benutzen. Wenn man eine Weile dort bleibt, wird man ganz natürlich vom Geist von Edo und Osaka beeinflußt und schaut auf jeden Brauch in seiner Heimat als provinziell herab, während man zu allem in der Großstadt neidvoll aufblickt, wenn es nur ein ganz klein wenig vernünftig erscheint. Das ist ein lächerlicher Zustand.

Wegen des rustikalen und unverbildeten Charakters der Dinge in unserem Lehnswesen müssen diese hochgeschätzt werden. Die typische Art, einen anderen Ort zu suchen, endet schließlich in Nachahmung. Als ein Mann seine Abneigung gegen die Hokke-

Sekte* gegenüber Priester Shungaku äußerte, die er für zu hartnäckig in ihren Lehren hielt, antwortete Shungaku: »Die Hokke-Sekte kann ihre Identität aus ihrer Hartnäckigkeit beziehen. Ohne die gäbe es zwischen ihr und anderen Sekten keinen Unterschied.« Seine Antwort war vernünftig.

Einem Mann, der nie einen Fehler machte, kann man nicht trauen

Einmal wurde bei einer Versammlung die mögliche Beförderung eines bestimmten Gefolgsmannes erwogen. Die Mitglieder wollten die vorgeschlagene Beförderung wegen der früheren Trunksucht des Mannes einstimmig ablehnen, als einer betonte: »Wenn ein Mann nach einem früheren Fehltritt nicht mehr in Erwägung gezogen wird, erstickt das talentierte Männer im Keim. Ein Mann, der einmal versagte, bereut den Fehler und handelt sehr diskret, bereit, dem Lehnswesen zu nützen. Diesem Mann sollte deshalb eine angemessene Beförderung zuteil werden.«

* Name für die Nichiren-Sekte, 1253 von Nichiren gegründet, der alle anderen Sekten verdammte und das Lotus-Sutra für *das* Mittel hielt, Nirwana zu erlangen. Eine moderne Nachfolgeorganisation ist zum Beispiel Soka Gakkai.

Gefragt, ob er denn die Konsequenzen einer solchen Beförderung tragen könne, sicherte er das der Versammlung sofort zu. Von allen anderen Mitgliedern nach den Gründen für seine feste Überzeugung gefragt, wies er darauf hin: »Ich plädierte für seinen verläßlichen Dienst, weil er einmal versagt hat. Auf der anderen Seite ist ein Mann, der noch nie gepatzt hat, in meinen Augen riskant.« Also wurde der Gefolgsmann auf einen höheren Posten versetzt.

Wie man in einem Straßenkampf kämpft

Ein Samurai wurde einmal in einen Kampf gezwungen, nahm aber an der gegnerischen Seite keine Rache und erregte so die Verachtung anderer, die das als Schande ansahen. Um die Angelegenheiten mit einem Feind in Ordnung zu bringen, muß man nur in den Feind hineinpreschen und getötet werden. So ist der eigene Tod frei von Schande.

Neigt jemand dazu, nur an das Gewinnen eines Duells zu denken, versäumt er den rechten Moment fürs Handeln. Menschen verzichten mit der Entschuldigung, sie seien in der Unterzahl, auf Vergeltung und verschwenden nur wertvolle Zeit, bis sie schließlich davon reden, ganz von Rache abzusehen. Jemand sollte seinen Feinden gegenübertreten, fest entschlossen, ein Dutzend Feinde nach dem anderen zu töten, wie viele tausend Feinde da auch sein mögen. Das befähigt ihn, seinen Wunsch nach Rache zu erfüllen – und in den meisten Fällen wird er selbst der Sieger sein.

Die herrenlosen Samurai des Asano-Clans waren im Irrtum, weil sie nach dem nächtlichen Überfall keinen Selbstmord im Sengakuji-Tempel begingen*. Außerdem dauerte es zu lange, bis sie schließlich ihren Herrn gerächt hatten. Ihre Absichten wären sinnlos des langen Wartens an einer Krankheit gestorben

* Im Jahre 1701 schnitt der Fürst der Provinz Ako, Asano Naganori, dem höchsten Protokolloffizier des Shogunats, Kira Yoshinaka, in die Stirn, weil letzterer Gesandte des Herrschers beleidigt hatte. Obwohl beide hätten bestraft werden müssen, wurde nur Naganori vom Shogunat zum Tode verurteilt und sein Clan aufgelöst. Siebenundvierzig frühere Gefolgsleute Naganoris schmiedeten zwei Jahre lang Pläne, wie sie Kira Yoshinaka töten könnten. Ende des Jahres 1702 drangen sie dann in sein Haus ein und brachten ihn endlich um. Daraufhin eilten sie zum Sengakuji-Tempel, um am Grab des Fürsten Bericht zu erstatten, und stellten sich dann den Behörden. Sie wurden zum Tode durch *Seppuku* verurteilt und als wahrhaft treue Gefolgsleute weithin bekannt. Ein Kabuki-Stück namens *Kanatehon Chushingura* erzählt von ihren Taten und gehört zu den beliebtesten seiner Art.

gewesen, wenn Kira Yoshinaka, ihr Opfer, während wäre. Städter sind gerissen und wissen, wie sie angeben müssen, um gelobt zu werden, während sie ihre kleine Klugheit nicht abschütteln können wie die Männer des Nagasaki-Streites*.

... Anderen zuzuhören und zu lesen heißt, sich für den entscheidenden Moment vorzubereiten, der jederzeit kommen kann. Beim Üben des *Bushido* sollte man Tag und Nacht vorbereitet sein und mit dem stets unsicheren Leben im Sinn darüber nachdenken, welche Handlung in welcher Form im entscheidenden Moment angebracht ist. Zufall spielt in einem Duell eine Rolle; der Weg, sich vor Schande und Schmerz in einem Duell zu bewahren, steht auf einem anderen Blatt als die bloße Frage von Sieg oder Niederlage – ersterer verlangt nur den Entschluß, niemals vor dem Tod zu fliehen. Wenn jemand besiegt wird, sollte er

* Dieser Streit geschah im Jahre 1700: Zwei Gefolgsleute des Hauses von Fukabori Nabeshima und ein Fußsoldat eines Stadtrats von Nagasaki gerieten aneinander. Der geschlagene Fußsoldat drang in der gleichen Nacht mit zehn Kumpanen in das Gut von Nabeshima ein, wo sie die beiden Kontrahenten tüchtig vermöbelten. Diese wiederum brachen am nächsten Morgen mit zehn Männern in die Gemächer des Stadtrats ein und töteten ihn, den Fußsoldaten und andere. Dann begingen d*ie beiden Gefolgsleute befriedigt an Ort und Stelle* Seppuku. Ihre zehn Gehilfen wurden später zu *Seppuku* verurteilt.

an Ort und Stelle unmittelbar danach zurückschlagen, um mit seinem Feind quitt zu sein. Das erfordert weder geistige noch technische Fähigkeiten. Ein Mann von großer Tapferkeit denkt nicht an das Ende eines Kampfes; er stürzt sich leidenschaftlich in den Rachen des Todes, wobei sein wahres Selbst sich in seiner Geisteshaltung offenbart.

Halte dich nicht für etabliert

Ein Mann, der denkt, er sei schon etabliert, ist unklug; ein Mann, der mit festgefahrenen Ansichten zufrieden ist, die er durch erhebliche Anstrengung gewann, ist bereits in eine Falle getreten. Beide Männer sollten vielmehr zuerst danach streben, die grundlegende Einstellung gegenüber Fertigkeiten zu erlangen und lebenslange Bemühungen auf das letzte Ziel zu unternehmen. Ohne einen Augenblick der Selbstzufriedenheit mit dem bißchen, was man herausgefunden hat, sollte man seine erreichten Ergebnisse immer noch für unbefriedigend und nicht gut genug halten und den rechten Weg zur Meisterschaft das ganze Leben lang erforschen. Die Wahrheit liegt nirgendwo sonst als auf diesem Weg des Bemühens selbst.

Gedanken meines Vaters

Hier sind ein paar Dinge, die mein Vater Yamamoto Jin'uemon oft sagte oder tat:

1. »Wenn jemand einen Grund verstanden hat, werden sich viele weitere vor seinen Augen auftun.«
2. »Ein Mann mit einem affektierten Lächeln ist gewöhnlich und feige.«
3. »Ob du bei einem offiziellen Anlaß sprichst oder bei einer gewöhnlichen Gelegenheit, schau dem Zuhörer stets direkt in die Augen. Eine höfliche Verneigung am Anfang reicht; mit gesenkten Augen zu sprechen ist gefährlich.«
4. »Es ist nicht sicher, die eigenen Hände in den weiten Ärmeln zu versenken, wenn man sitzt.«*
5. Immer wenn ich ein Buch las, ob eine Geschichtensammlung in *Kana* oder eine klassische in chinesischer Schrift, warf er es ins Feuer. Er sagte: »Der Hofadel soll lesen; wir Mitglieder der Nakano-Familie sollten uns in militärischer Kühnheit üben, mit einem Holzschwert in der Hand für unaufhörliche Übung.«
6. »Ein Mann, der keine Kampfgruppe anführt und ohne Pferd ist, der ist kein Samurai.«

* Auch im Sitzen muß man allzeit bereit sein, das Schwert so schnell wie möglich zu ziehen.

7. »Ein mutiger Mann ist vertrauenerweckend.«
8. Er stand früh um vier Uhr auf, nahm ein kaltes Bad und rasierte sich jeden Morgen den Vorderkopf*, frühstückte bei Sonnenaufgang und ging mit Sonnenuntergang zu Bett.
9. »Der Samurai sollte betont einen Zahnstocher benutzen, selbst wenn er nichts zu essen hat. Innen bedürftig, nach außen glänzend.«

Lebe genau diesen Augenblick

Laß mich dir sagen, was man antworten soll, wenn man gefragt wird: »Was ist von allergrößter Bedeutung beim eigenen Training?« Es ist: »Mit Leib und Seele an das eigene Ziel in genau diesem Augenblick zu glauben.« Die Einstellungen der Menschen heutzutage scheinen dieser scharfen mentalen Haltung beraubt.

Ein ausdrucksstarkes Gesicht zeigt, daß der Mann von ganzem Herzen an sein Ziel glaubt. In seinem ständigen Bemühen kristallisiert etwas im eigenen Geist. Dieses Etwas wirkt als Loyalität gegenüber dem Fürsten, als kindliche Ergebenheit gegenüber

* Der Vorderkopf, *Sakayaki*, mußte beim Gefolgsmann rasiert sein. Das unterschied ihn von herrenlosen Samurai *(Ronin)*, die ihr Haar meist wild wachsen ließen.

den Eltern und als Mut beim Ausüben von *Busbido*. Es wirkt noch auf viele andere Weisen.

Es ist schwer, dieses »Etwas« zu entdecken, noch schwerer, es ständig im Sinn zu behalten. Der einzig mögliche Weg ist, genau diese Sekunde so gut wie möglich zu leben.

Die Veränderung der Werte in den vergangenen dreißig Jahren

Bis vor fünfzig oder sechzig Jahren nahm der Samurai jeden Morgen ein Bad, rasierte seinen Vorderkopf, räucherte sein Haar mit Weihrauch, schnitt seine Nägel, polierte sie mit Bimsstein und glättete sie mit Sauerklee, fein darauf bedacht, nicht seine Erscheinung zu vernachlässigen. Er reinigte seine Waffen und hielt sie poliert und frei von Rost.

Erscheint uns das besondere Augenmerk auf die eigene gepflegte Erscheinung heute vielleicht als zu affektiert, so entstammt es doch keiner romantischen Idee. Bereit, jeden Tag im Kampf zu sterben, traten junge wie alte Samurai gepflegt auf, weil sonst ihr toter Körper auf einem Schlachtfeld – entgegen ihrem Wunsch, auf alles vorbereitet zu sein – ganz sicher vom Feind als schmierig verachtet worden wäre.

Wenn diese Sitte auch kompliziert und zeitraubend erscheint, beschreibt sie doch genau das, was von einem Samurai erwartet wird; es gibt sonst nichts Besonderes, was mehr Hast oder Zeit bräuchte. Man kann von jeder Gefahr der Schande frei sein, solange man – fest entschlossen, jeden Moment zu sterben, oder sich bereits für tot haltend – sowohl in seinem Dienst als auch beim Ausüben militärischer Tugend sich ernsthaft bemüht.

… In den vergangenen dreißig Jahren geschahen viele Veränderungen. Wann auch immer sich junge Samurai treffen, sie reden nur über finanziellen Reichtum anderer, Gewinn und Verlust, ihr Haushaltsbudget, Kleidung und Sex. Ohne solche Themen fühlen sie sich angespannt. Welch erbärmliche öffentliche Moral jenseits jeder Besserung!

Früher hatten die Zwanzig- und Dreißigjährigen keine solch nichtswürdigen Ideen im Sinn, weshalb auch keine Worte über solche Themen aus ihren Mündern kamen. Selbst ein alter Samurai, der unbewußt so daherplapperte, wurde gewarnt, daß man ihn dafür strafen würde. Die gegenwärtige öffentliche Moral ist wahrscheinlich auf die tölpelhafte Art zurückzuführen, mit der größtes Gewicht auf finanzielle Angelegenheiten gelegt wird. Solange sich jemand von Luxus fernhält, der seinem Stand unangemessen ist, kann er frei von solchem Denken sein.

Es ist auch verachtenswert, einen sparsamen jungen Mann als guten Haushälter zu bezeichnen. Ein zu sparsamer Geist neigt dazu, die sozialen Verpflichtungen zu versäumen, der Mann endet womöglich als feiger Geizhals.

Lerne durch Beobachten des Beispiels anderer

Dies erzählte mir Ishida Ittei:

»Wenn jemand eine gute Vorlage in der Kalligraphie wählt und hart daran arbeitet, sie zu imitieren, wird seine Hand am Anfang noch unsicher sein, dann aber erfreuliche Fortschritte machen. Der Gefolgsmann mag sich ebenso an einem herausragenden Krieger orientieren.

Obschon vorbildliche Gefolgsleute, die andere in allem überragen, heutzutage sehr schwer zu finden sind, kann jemand verschiedene Männer auswählen, von denen jeder den anderen in einer anderen Tugend übertrifft, wie etwa Anstand, Tapferkeit, die Art zu sprechen, gutes Benehmen, Treue und schnelle Entschlußfähigkeit, denen man hart nacheifern kann.

Schüler aller Richtungen neigen dazu, die unfertigen Seiten ihrer Lehrer zu imitieren, statt deren Stärken nachzuahmen. Das führt zu keinen fruchtbaren Ergebnissen. Dies gilt auch für einen Gefolgsmann, der sich als Lehrer einen Mann aussucht, der gute Manieren hat, aber unloyal ist, und dann die untreue Seite von dessen Charakter imitiert statt seiner guten Manieren.

Finde die starken Seiten anderer Menschen heraus, und folge ihnen. So kann jeder, egal was er ist, zu einem guten Beispiel und Lehrer werden.«

Was man beim Trinken beachten muß

Viele Samurai sind durch übermäßiges Trinken zugrunde gegangen, eine außerordentlich bedauernswerte Sache. Man sollte die eigene Grenze beim Alkoholgenuß kennen und innerhalb dieser Grenze bleiben. Selbst bei solcher Vorsicht übertreibt man ein ums andere Mal. Bei einer Festlichkeit muß man wachsam sein, entschlossen und bereit für jeden Notfall. Das Trinkgelage hat eine soziale und öffentliche Funktion, bei der man sorgsam aufpassen muß, sich keinen Ausrutscher zu erlauben.

Sprich Worte der Ermutigung

Wenn man einen Mann zum Trost besucht, der unter Unglück leidet, ist das erste Wort des Besuchers von größter Wichtigkeit, weil das seine wahre Gesinnung offenbart. Der Samurai, der verzagt und besorgt erscheint, egal in welcher Situation, ist ein Versager; er ist nutzlos, wenn er nicht hochmotiviert bereit ist, mit allen Mitteln nach dem Sieg zu streben. Darum muß ein deprimierter Mensch aufgebaut werden.

Sei zu Besuchern freundlich, auch wenn du beschäftigt bist

Manchmal geschieht es, daß jemand ein Amt zur betriebsamsten Zeit aufsucht und von seinem Anliegen spricht, ohne auch nur im geringsten die Geschäftigkeit zu spüren. In diesem Fall, wo Beamte oft mürrisch und wütend auf den Besucher reagieren, gebietet der Kodex der Samurai, ruhig und bedacht die Angelegenheiten des Besuchers handzuhaben. Abweisender Empfang von Besuchern steht nur niederem Fußvolk gut an.

Fürchte den Regen nicht

Man muß »die Lektion des Platzregens« verstehen. Ein Mann, der unterwegs von plötzlichem Regen überrascht wird, rennt die Straße hinunter, um nicht naß und durchtränkt zu werden. Wenn man es aber einmal als natürlich hinnimmt, im Regen naß zu werden, kann man mit unbewegtem Geist bis auf die Haut durchnäßt werden. Diese Lektion gilt für alles.

Strebe danach, andere zu übertreffen

Mag der Mittelweg der beste sein; solange man nicht immer danach trachtet, andere zu übertreffen, praktiziert man nicht *Bushido*. Beim Bogenschießen müssen beide Arme auf der gleichen Höhe gehalten werden. Weil der rechte Arm dazu neigt, höher als der linke gehalten zu werden, wird der Schüler angewiesen, seinen rechten Arm zu senken, wodurch beide Arme auf die gleiche Höhe kommen.

Ein weiser Mann erzählte mir einst: »Wenn jemand konzentriert Tag und Nacht darauf sinnt, erfolgreiche Samurai zu übertreffen und im Krieg starke Feinde zu töten, kann er sein Feuer durch seinen Mut am Leben erhalten, frei von Niedergeschlagenheit, und dadurch seine Tapferkeit beweisen.« Selbst zu Friedenszeiten sollte man diese Einstellung pflegen.

Erziehe das Kind eines Samurai angemessen

Es gibt bestimmte Arten, wie ein Samurai sein Kind erziehen soll. Zuerst baue seinen Mut auf. Nicht ein einziges Mal drohe ihm oder täusche es. Ein furchtsames Herz, einmal erlangt, verläßt das Kind nie mehr bis ans Ende seiner Tage; es bleibt bei ihm als sein wesentlicher Schaden. Dumme Eltern schüchtern ihre Kinder bei Donnergroll ein, machen ihnen angst vor der Dunkelheit und erzählen schreckliche Geschichten, um sie vom Weinen abzuhalten, wodurch sie unverzeihliche Fehler in der Kindeserziehung begehen.

Als kleines Kind kann man zurückbleiben, wenn man zu sehr gescholten wird. Bring dem Kind auch keine schlechten Angewohnheiten bei. Wenn sie einmal in ihm festsitzen, können sie nur schwer wieder abgeschüttelt werden, wie angestrengt die Eltern auch dem Kind Vorwürfe machen mögen. Laß das Kind Schritt für Schritt aufwachsen, achte auf seine Sprache und sein Benehmen, und halte es davon ab, gierig zu werden. Angemessen aufgezogen, kann ein Kind mit gewöhnlichem Charakter zu einem brauchbaren Erwachsenen heranreifen.

Es ist nur natürlich, daß ein Kind unglücklich verheirateter Eltern diesen nichts nützen wird. Selbst Vögel und wilde Tiere werden von dem geprägt, was sie sehen und hören.

Mit einer einfältigen Mutter in der Familie kann die Verbindung zwischen Vater und Sohn degenerieren. Die Mutter verhätschelt ihren Sohn und stärkt ihm den Rücken, wenn er von seinem Vater getadelt wird. Dadurch bezieht sie aus eigennützigen Gründen mit dem Sohn gegen den Vater Stellung, vielleicht, um ihr Auskommen im Alter zu sichern.

Achte auf deine Worte

Ein Mann mit schwacher Überzeugung wird leicht von anderen auf deren Seite gezogen. Bei einem Treffen hört man sich manchmal ausrufen: »Genau!«, wenn man von einem anderen Mann fasziniert ist, der unachtsam über etwas spricht, über das er nicht nachgedacht hat. Eine dritte Partei wird solch ein Wort sicher für Zustimmung halten. Man muß also auf der Hut sein, wann immer man mit anderen zusammentrifft.

Wenn man seine Meinung sagt oder daraufhin angesprochen wird, sollte man mit dem anderen so verfahren, daß man von ihm nicht eingenommen wird, und bereit sein, die eigene Ablehnung klar zu formulieren und Ideen, die den eigenen entgegenstehen, zurückzuweisen. Sogar in einer unbedeutenden Angelegenheit kann ein scheinbar zu vernachlässigendes Detail eine Falle sein, wenn man nicht stets auf der Hut ist.

Es ist weise, sich nicht zu sehr mit einem Mann von fragwürdigem Charakter anzufreunden, damit man nicht von ihm eingenommen und in sein verdrehtes Denken verwickelt wird. Man benötigt jahrelange Erfahrung, um sich von solchen Irrtümern freizuhalten.

Sei kein vollendeter Techniker

Ein Sprichwort paßt auf niemanden besser als auf die Samurai anderer Clans: »Könnerschaft ist für ihren Besitzer von lebenslangem Nutzen.« In unserem Clan aber ruiniert sie nur das Leben der Samurai.

Ein Mann, der eine Kunst vervollkommnet hat, ist ein Techniker, kein Samurai. Ziele darauf ab, »irgendein Samurai« genannt zu werden. Denke daran, daß Fertigkeiten einem Mann nur helfen können, seine

Pflicht zu erfüllen, wenn er verstanden hat, daß ein besonderes Talent ein Abschreckungsmittel für das Dasein eines echten Samurai darstellt.

Fürchte kein Unglück

Jemand sagte: »Jeder denkt, die Entlassung aus dem Amt des Gefolgsmannes wäre eine enorme Belastung, und ein Gefolgsmann, der so weggeschickt würde, müßte tiefbetrübt und niedergeschlagen sein. Als ich einmal *Ronin* war, entdeckte ich, daß dieses Leben nicht so schmerzlich war, wie ich es mir vorgestellt hatte; es war tatsächlich ganz anders als in meiner Phantasie. Ich sollte mich freuen, wieder ein *Ronin* werden zu können.« Das ist eine vernünftige Ansicht.

Ein Mann, der immer auf den Tod vorbereitet ist, kann sicher einen friedvollen Tod sterben. Unglück ist nicht so schlimm, wie wir es uns vorher einbilden, deshalb ist es närrisch, sich mit Gedanken an Unbill zu plagen, die noch kommen mag. Man darf nie vergessen, daß das schlimmste Schicksal eines Gefolgsmannes trotzdem die Entlassung aus seinem Dienst oder ein erzwungener Selbstmord durch *Seppuku* ist.

Erkenne die wahre Natur von Gut und Böse

Die Schicksalsschläge in einem Menschenleben können nicht seinen guten oder schlechten Seiten zugeschrieben werden. Aufstieg und Fall des Menschen liegen in der Natur der Dinge, während seine guten und schlechten Seiten von irdischem Urteil durch den Menschen abhängen. Menschen neigen jedoch dazu, die Höhen und Tiefen anderer als Folgen von Tugend und Unsitte zu sehen, um andere mit einer lebendigen Lektion zu beeindrucken.

Zeige deinen unzähmbaren Entschluß

Als die Männer, die dem Fürsten nahestanden, auf verschiedene Truppenstandpunkte in Nagasaki verteilt wurden, fand ich auf der Liste meinen Namen der Reservearmee zugewiesen, die von meinem Fürsten entfernt stationiert war. Darum erklärte ich dem leitenden Beamten: »Ich kann einen solchen Posten nicht annehmen, der mich zu Kriegszeiten von meinem Fürsten trennt. Ich schwöre hiermit inständig, mein Herr, mein Siegel der Anerkennung nicht auf diesem Rundschreiben anzubringen. Sollten Sie mich für anmaßend halten und mir meinen Posten abnehmen, wäre das genau das, was ich will. Wenn mir befohlen würde, *Seppuku* zu begehen, wäre ich sogar noch glücklicher.« Später wurde die Angelegenheit überprüft und Änderungen bei den Garnisonsposten vorgenommen. Vergiß nicht: Ein Mann, der nicht in der Lage ist, seinen unzähmbaren Entschluß in der Jugend zu zeigen, ist nichts wert.

Schau in den Spiegel

Es ist ratsam, sich anzugewöhnen, in den Spiegel zu schauen, um die eigene Erscheinung zu ordnen. Nachdem ich angewiesen worden war, mir im Alter von dreizehn Jahren eine Stirnlocke als Zeichen meiner Knappenschaft wachsen zu lassen, zog ich mich etwa ein Jahr in mein Haus zurück, weil meine Verwandten über mich sagten: »So klug, wie er aussieht, wird er sicher früher oder später unangenehm auffallen. Unser Fürst kann schlaue Gesichter nicht leiden.«

Als die Leute mich nach diesem Jahr trafen, in dem ich ständig in einsamer Abgeschiedenheit vor dem Spiegel meine Erscheinung verbesserte, nannten sie mich krank und schwach. Ich wußte also, daß meine Voraussetzungen für den Gefolgsdienst nun vollständig waren.

Einem Mann mit einem schlauen Ausdruck im Gesicht vertrauen die anderen nicht. Wenn er nicht festen Geistes in sich ruht, ist seine Erscheinung kein schöner Anblick. Ein ehrfurchtsvoller, strenger und ruhiger Mann ist am besten.

Die Pflicht des Claninspektors

Claninspektor Metsuke wird zu einer schädlichen Existenz, wenn er sein Urteil nicht mit weitem Horizont zur Verbesserung des Lehnsgutes einsetzt. Seine Pflicht ist es, das Lehnsgut angemessen zu verwalten. Da der Fürst selbst nicht in der Lage ist, alle Geschehnisse im Lehen zu überwachen, wird der Lehnsinspektor an seiner Stelle beauftragt, korrekte Informationen über das Verhalten des Fürsten zu sammeln, über Böses und Gutes der Minister, die Stimmen des Volkes oder die Freuden und Sorgen der niederen Klassen, wodurch die Verwaltung des Clans überprüft wird. Das grundlegende Ziel ist, die Handlungen derer auf den höchsten Rängen des Clans zu kontrollieren.

Tatsächlich neigt der Inspektor dazu, nur die schlechten Taten der niederen Klassen zu untersuchen und dem Fürsten zu enthüllen. Dies verstärkt die üblen Taten hochrangiger Männer nur noch mehr, die dem Wohlergehen des Lehens schaden. Obwohl nur wenige wirklich bewundernswerte Männer in den niederen Klassen gefunden werden, sind ihre geringfügig bösen Taten der Sicherheit des Lehens nicht besonders abträglich.

Die Verantwortlichen für kriminelle Untersuchungen sollten Verdächtige überprüfen und hoffen, daß deren Vorträge bei Gericht ernsthaft erhört werden, um ihre Freilassung zu beeinflussen. All das dient dem Wohlstand des Lehens.

Kläre stolz deinen Fürsten auf

Um den Fürsten aufzuklären, muß man verschiedene Wege kennen. Man muß klug genug sein, den Fürsten nicht zu beleidigen, wenn man seine Schwachpunkte korrigiert. Der treue Hosokawa Yoriyuki hat es vorgemacht.

Einmal wollte der Fürst eine Reise in einer Seitenstraße unterbrechen. Ein alter Ratgeber sagte daraufhin zum Gefolge: »Ich werde dem Fürsten von diesem Halt abraten, der nach so vielen Verzögerungen undenkbar ist, selbst wenn mich das mein Leben kostet. Ich verabschiede mich.« Dann bereitete er sich auf den Tod vor, indem er ein kaltes Bad nahm und Grabkleidung anzog, woraufhin er um Vorsprache beim Fürsten bat. Bald darauf erschien er wieder und platzte heraus: »Ich bin sehr zufrieden, weil der Fürst bereitwillig meinen Bedenken zuhörte. Ich fühle mich auch ausgesprochen glücklich, euch alle noch einmal wiedersehen zu können.«

Diese Art von Verhalten dient nur dazu, des Fürsten Versehen und die eigene Loyalität bekanntzumachen, um Ruhm zu ernten, ein Akt, wie er oft von Gefolgsleuten vollzogen wird, die aus anderen Clans stammen.

Verachte berechnende Feiglinge

Diejenigen, die für eigennützigen Gewinn arbeiten, sind Feiglinge. Der Grund liegt darin, daß ein berechnender Mensch, der ständig Gewinn und Verlust gegeneinander aufrechnet, sich von diesem Gedankenmuster nicht trennen kann, weshalb er den Tod als Verlust und das Leben als Gewinn betrachtet – und ersteren haßt, was ihn als Feigling enden läßt. Die Gebildeten verhüllen ihren innersten Charakter wie Feigheit und Gier durch Schlauheit und Beredsamkeit, eine Tarnung, die andere irreführt.

Knappendienst

Seit das traditionelle *Seppuku* nach dem Tod eines Fürsten verboten wurde, gab es keinen Samurai, der seinem Fürsten ganz und gar diente. Der Nachfahre eines Gefolgsmannes darf, auch als noch sehr kleines Kind, das Haus beerben. Das bietet Gefolgsleuten keinen Anreiz, ihrem Fürsten ausdauernd zu dienen. Knappen werden nicht länger gebraucht, um ihren Fürsten bei seinem zweijährigen Aufenthalt in Edo zu begleiten, wodurch die Moral der Gefolgsleute nachläßt. Zuviel Nachsicht durch meinen alten Fürsten schadet Gefolgsleuten mehr, als sie nützt. Es ist immer noch nicht zu spät, den Knappendienst zu fördern.

Heutzutage können Jugendliche mit fünfzehn, sechzehn Jahren die Toga virilis* annehmen, was dazu führt, daß sie – ohne Bescheidenheit – von niederem Gerede über Essen und Trinken aufgesogen werden, Tabuworten oder angesehener Moral keine Beachtung schenken und sich von eitlem Zeitvertreib vereinnahmen lassen. Aus diesem Zustand kann kein herausragender Gefolgsmann erwachsen.

Die als Knappen gedient haben, konnten verschiedene Pflichten eines Gefolgsmannes beobachten und so ihrem Fürsten nützlich werden. In vergangenen

* Ein Zeichen der Initiation.

Tagen wurde Soejima Hachi'uemon und Nabeshima Kambei erlaubt, die Toga virilis anzunehmen, und sie wurden von ihrem Knappendienst befreit, als sie zweiundvierzig und vierzig Jahre alt waren.

Kämpfe verzweifelt

»*Bushido* heißt, verzweifelt im Rachen des Todes zu kämpfen«, kommentierte Fürst Naoshige. »Selbst Dutzende von Männern finden es manchmal schwer, einen einzigen Samurai in diesem wilden Zustand zu töten.«

Von einem Mann mit einem gewöhnlichen und gesunden Geist kann man nicht erwarten, daß er Großes vollbringt; nur wenn er sich in einen beinahe verrückten, verzweifelten Zustand bringt, weit jenseits von Vernunft und Eigennutz, kann er solches leisten. Genauso steht ein Mann, der einmal von Zurückhaltung besessen ist, weit hinter den anderen zurück, die *Bushido* üben, das keinen besonderen Gedanken von Loyalität oder kindlicher Pietät verlangt, sondern nur verzweifeltes Kämpfen, in dem Loyalität und kindliche Pietät sich spontan selbst erzeugen mögen.

Fühle dich keinem Mann unterlegen

»Wer einen Meister seiner Kunst beobachtet und ihm zuhört und daraufhin schließt, er könne es nie so weit bringen, ist ein Weichling; wer sich dem Meister, einem anderen Menschen, nicht unterlegen fühlt, und sein Herz ganz auf Meisterschaft ausrichtet, hat seine Füße bereits auf den Weg der Vervollkommnung gesetzt. Konfuzius hatte seinen Namen verdient, als er sein Herz im Alter von fünfzehn Jahren aufs Lernen richtete. Es folgten Jahre des Studiums, bevor er ein Weiser wurde«, sagt Ittei. Eine buddhistische Schrift meint: »Wenn jemand zum Buddhismus erweckt wird, leben die Lehren des Buddha bereits in seinem Geist.«

Achte auf deine Sprache

Der Samurai muß auf alles vorbereitet sein, um nicht das geringste Wanken zu zeigen. Wenn man nicht auf seine Sprache achtet, mag man etwas daherreden wie »ich habe Angst«, »in so einem Fall werde ich sicher fliehen«, »das ist fürchterlich« oder »es tut schrecklich weh«.

Weder im Schlaf noch im scherzhaften Gespräch sollte ein Samurai sich erlauben, solche Worte zu äußern. Wenn sie von einem vernünftigen Mann gehört werden, kann er die Gedanken auf dem Grunde des Herzens eines solch sorglosen Sprechers leicht erkennen. Sei immer auf der Hut.

Sei entschlossen

Ein altes Sprichwort lautet: »Denke scharf nach, und entscheide innerhalb von sieben Atemzügen.« Fürst Takanobu kommentierte einmal: »Langes Überlegen stumpft den scharfen Rand einer Entscheidung ab.« Fürst Naoshige wurde so vernommen: »In sieben von zehn Fällen stellen sich die Dinge, die zögerlich ausgeführt wurden, als falsch heraus. Von einem Samurai wird schnelles Handeln erwartet bei allem, was er in Angriff nimmt.«

Ein verwirrter Geist führt zu keiner klaren Entscheidung. Ein Mann ohne nagende Zweifel, von frischem und hohem Geist, kann innerhalb von sieben Atemzügen zu einer Entscheidung kommen. Geistesgegenwärtig muß man entschlossen eine Entscheidung treffen.

Ein beliebter Mann

Ein Mann, der sich auskennt, wird bald Opfer von Selbsttäuschung und erfreut sich daran, ein fähiger Mann genannt zu werden, prahlt, seiner Zeit voraus zu sein, von der Illusion geblendet, daß niemand ihn übertreffen könne. Solch ein Verhalten wird sicher den Zorn des Himmels nach sich ziehen.

Welches Talent man auch immer geschenkt bekommt, man kann keinen guten Dienst leisten, wenn man von anderen nicht gemocht wird. Niemand kann einen Mann hassen, der sich darum bemüht, nützlich zu sein, der seinen Dienst liebt, sich dafür anstrengt und allzeit bereit mit seinen Weggefährten arbeitet.

Vermeide Beförderung, solange du jung bist

Befördert zu werden und als nützlicher Samurai zu dienen, wenn man noch jung ist, kann keine fruchtbaren Ergebnisse bringen; wie glänzend er auch von Natur aus sein mag, die Fähigkeit des jungen Mannes ist noch nicht reif genug, andere zu überzeugen. Es ist darum besser, erst allmählich mit ungefähr fünfzig Jahren aufzusteigen. Ein Mann, dessen Beförderung, gemessen an seinem Können, als zu langsam in den Augen anderer erscheint, kann wahrhaft große Ergebnisse in seinem Dienst zustande bringen.

Ein Mann, der seinen Reichtum verschleudert hat, aber seine edlen Ziele aufrechterhält, kann sich bald von solchem Makel erholen, weil er frei ist von dem Streben nach selbstsüchtigem Gewinn.

Übertreffe andere, indem du auf ihre Ratschläge hörst

Der beste Weg, andere zu übertreffen, ist der, von anderen aufrichtig die eigenen Angelegenheiten kritisieren zu lassen und sie um Rat zu fragen. Für die meisten Menschen zählen nur ihre eigenen Meinungen. So kann man andere aber nicht übertreffen. Dazu muß man andere um Rat fragen.

Ein Samurai, der viel besser als ich schreibt, zeigte einmal einem anderen ein offizielles Dokument, das er an einen anderen geschrieben hatte, um von ihm einen Rat zu erhalten. Die Tatsache, daß er einen anderen Mann bat, das Schreiben durchzusehen und zu korrigieren, zeigt, daß er bereits über dem anderen stand.

Sei rein und einfach

In keiner Übung kann es eine Stufe geben, auf der jemand denkt, er habe alles erreicht. Solch ein Gefühl der Vervollkommnung steht in sich selbst schon dem Üben des Weges entgegen. Ein Mann, der mit seinen Ergebnissen das ganze Leben lang unzufrieden war, obwohl er von ganzem Herzen bis zu seinem letzten Atemzug übte, hat rückblickend sein Ziel erreicht.

Rein und einfach zu werden und Konzentration zu pflegen, ohne mehr als ein Ziel zu verfolgen, ist eine schwierige Lebensaufgabe. Das Verfolgen des Zieles führt einen Menschen, wenn es nicht in reinem und klarem Geist geschieht, niemals auf den Weg. Es ist unabdinglich, nur an den Dienst als Gefolgsmann und an militärische Tugenden zu denken.

Das erste Wort

Das erste Wort aus dem Munde eines Samurai ist wichtig, weil dieses eine Wort seine Tapferkeit offenbart. In Friedenszeiten wird Mut an den Worten erkannt, die einer äußert; sogar in unruhigen Zeiten zeigt das erste Wort, ob der Krieger tapfer oder ängstlich ist. Das erste Wort ist sozusagen die Blume des Samurai-Geistes; es entzieht sich angemessener Beschreibung.

Bewege Himmel und Erde

Nichts ist in dieser Welt unmöglich. Fester Entschluß kann Himmel und Erde bewegen, sagt man. Dinge scheinen weit jenseits der Macht eines Menschen zu liegen, weil er sein Herz aus Mangel an starkem Willen nicht auf ein schwieriges Projekt richten kann. Es hängt ganz von der geistigen Einstellung ab, »sogar Himmel und Erde zu bewegen, ohne die eigene Stärke anzuwenden«.

Sei freundlich zu bekannten Männern

Stelle dich freundlich mit bekannten Männern, die dem Fürsten nahestehen. Nicht, um zu deinem Vorteil zu schmeicheln, aber als Mittel, in Zukunft dem Fürsten über solche Männer Ratschläge zu erteilen.

Wenn der berühmte Mann dem Fürsten nicht mit treuem Herzen dient, sollte diese Art von freundlicher Beziehung gar nicht etabliert werden. Alles, was du tust, muß sich um das Wohlergehen des Fürsten drehen.

Sei bescheiden und handle nach den Lektionen

Es gibt viele, die belehren wollen, und nur wenige, die ihnen zuhören wollen. Noch weniger halten sich an die gegebenen Lektionen. Wenn ein Mann schon in seinen Dreißigern ist, wird niemand es wagen, ihn zu ermahnen. So neigt er dazu, ohne daß ihm eine Lektion erteilt würde, seinen eigenen Weg zu gehen, wiederholt er seine Missetaten und Torheiten immer wieder, bis er als Tunichtgut endet. Darum muß man sich mit einem vernünftigen Menschen umgeben und seinen Belehrungen lauschen.

Fürchte keine Fehler

Ein Gefolgsmann, der nichts als seine Pflichterfüllung im Gefolgsdienst liebt, ist lobenswert. Ein Gefolgsmann, der vor einem großen Auftrag Angst hat und bittet, von ihm befreit zu werden, ist ausweichend und unmännlich. Wenn jemand bei einem Auftrag trotz größter Anstrengung versagt, ähnelt das Versagen einem ehrenhaften Tod in einer verzweifelten Schlacht.

Sei immer bescheiden wie beim ersten Treffen

Wenn alle Menschen in einer Gesellschaft in Harmonie miteinander leben können und ihr Dasein dem Weg des Himmels überlassen, werden sie sicherlich bequem und ruhig leben. Ein Mann, der mit anderen nicht in Harmonie lebt, kann nicht als loyal dem Fürsten gegenüber angesehen werden, was für ein edles Prinzip er auch für sich in Anspruch nimmt.

Die da schlecht mit anderen stehen und sogar unregelmäßig stattfindenden Treffen fernbleiben oder nur zynisch daherreden, werden alle von ihrem engen Denken bestimmt. Selbst wenn ein Mann mit einem anderen nicht übereinstimmt, wird ein warmer Gruß von ihm erwartet, wann auch immer er den anderen trifft; er sollte sich darauf einstellen, sich mit dem anderen zu arrangieren, damit wiederholte Treffen nicht langweilig werden – und dabei stets an einen möglichen Augenblick denken, in dem eine freundliche Beziehung dringend nötig sein könnte.

In dieser vergänglichen Welt, in der niemand seines Lebens sicher sein kann, ist es peinlich, ganz plötzlich als jemand zu sterben, von dem andere schlecht denken. Man sollte nicht als geldgeiler Mönch oder Verrückter enden oder wie äußerst schmähliche und selbstsüchtige Kreaturen.

Um anderen Raum zu geben, wetteifere nicht unnötig mit ihnen, bleibe höflich und bescheiden, und erledige Dinge bedächtig zum Wohle anderer, selbst wenn sie dir zum Nachteil gereichen, denn das gewährleistet unvermindert freundliche Beziehungen bei jedem Treffen, so als wäre es das erste Mal.

Das gleiche gilt auch fürs Eheleben: Es gibt keinen Raum für Ehezwist, wenn jemand in späteren Jahren so diskret und bescheiden bleibt, wie er es bei der ersten Begegnung mit dem Ehepartner war.

Ein »Reue-Tagebuch«

In jungen Jahren führte ich ein »Reue-Tagebuch«, um meine täglichen Schnitzer zu notieren. Es verging nicht ein Tag, an dem ich nicht zwanzig, dreißig Fehler aufschrieb. Angesichts dieser unabwendbaren Fehlerliste gab ich schließlich das Tagebuch auf.

Selbst jetzt, wenn ich im Bett darüber nachsinne, was ich den Tag über gemacht habe, sind da zumindest ein paar Fehler, die mir in Wort oder Tat unterliefen. Was für ein unvollkommener Mann ich bin! Ein Mann, der von seiner Klugheit zu sehr eingenommen ist, kann nicht auf diese Art reflektieren.

Loyalität und kindliche Pietät

Ein loyaler Gefolgsmann wird in dem Haus eines Samurai gefunden, der seine Sohnespflicht tut, heißt es in einem Sprichwort. Man sollte seinen Eltern gegenüber durch und durch pflichtbewußt sein und bereuen, nicht noch mehr für sie getan zu haben, wenn sie gestorben sind.

Da viele Gefolgsmänner naturgemäß dazu neigen, sich im Dienst ihrer Fürsten zu verausgaben, kümmern sich nur wenige um ihre Sohnespflicht. Loyalität und kindliche Pietät zeigen sich nicht, bevor Fürst und Eltern unvernünftig handeln. Wenn sie vernünftig und wohlgesonnen sind, verhält sich sogar ein Fremder ihnen gegenüber freundlich. Pinien und Eichen, sagt man, sehen schöner aus, wenn Frost auf ihnen liegt.

Der Mönch Gensei ging bei Sonnenuntergang heimlich zu einem Fischhändler und brachte den Fisch – versteckt unter seiner Robe – zu seiner Mutter. Seine Ergebenheit und Treue den Eltern gegenüber steht weit über dem, was üblich ist.

Zeige deine Tiefe

Nehmen wir an, der Fürst erteilt einem Gefolgsmann bei einer Audienz einen Auftrag, ob nun angenehmen Inhaltes oder nicht. Wenn der Gefolgsmann sich wortlos zurückzieht, wirkt er verloren. Er sollte daher den Auftrag des Fürsten bestätigen und dabei auf angemessene Weise sprechen. Darauf sollte er stets vorbereitet sein. Wenn der Fürst ihm einen wichtigen Posten anvertraut, verraten Freude und Dünkel auf dem Gesicht des Samurai seine Einstellung. Ich habe den unwürdigen Anblick solcher Männer oft erfahren. Ein Mann, der seinen ungeschickten und sorglosen Charakter kennt, würde bei einer solchen Gelegenheit am besten antworten: »Solch ein wichtiger Auftrag, und ausgerechnet an mich vergeben – das verwirrt mich. Wie kann ich ihn erfüllen? Darüber bin ich sehr besorgt.« Dieses Denken zeigte sich dann auf seinem Gesicht und würde ihn dem Fürsten als tiefsinniger Mann erscheinen lassen. Ein Mann, der in vergleichbarer Situation unbedacht mit loser Zunge redet, mag als unreif und zu Fehlern verdammt erscheinen.

Sei kein Bettler

Manchmal spricht jemand von etwas, das er dringend benötigt und das ihm dann von einem Zuhörer bewilligt wird. Wenn das wiederholt geschieht, ist es verachtenswert. Es ist am besten, das, was man braucht, gar nicht zu erwähnen und auch nicht darum zu bitten.

Unterhaltungskünste

Alle Unterhaltungskünste kommen einem gut zustatten, solange man sie als Mittel nutzt, dem Weg des Samurai zu folgen und seinem Fürsten zu dienen. Solche Unterhaltungskünste werden ihm dann nahegebracht und machen ihn vielleicht sogar zu einem Experten darin. Akademische Studien sind hingegen gefährlich.

Dünkel zeigen sich von selbst

Ein gewisser Samurai strengte sich sehr in seinem Dienst an. In meinen Augen hatte er sich eine anständige Belohnung vom Fürsten verdient. Dann wurde er zu einer Audienz vor den Fürsten gebeten, und die

Menschen gratulierten ihm schon vorher. Wie sich herausstellte, wurde sein Lohn erhöht, allerdings weitaus weniger als erwartet. Dennoch beglückwünschten ihn alle dazu, er aber sah unzufrieden aus und sagte: »Ich habe mein Gesicht verloren. Es geschah, weil ich in meinem Dienst nicht nützlich genug war. Ich möchte am liebsten auf die Lohnerhöhung verzichten.« Das führte dazu, daß ihn seine Freunde trösteten.

Dieser Samurai war nicht entschlossen genug, dem Fürsten zu dienen, und handelte aufgrund seines Dünkels. Wenn man vom Samurai zum Fußsoldaten degradiert oder zum *Seppuku** verurteilt wird, ohne einen Fehler begangen zu haben, sollte man doch den Befehl des Fürsten mutig annehmen. Das steht einem Gefolgsmann gut an, dessen Familie in diesem Clan seit Generationen dient. Der Samurai, der sprach: »Ich habe mein Gesicht verloren«, dachte nur an sich selbst. Ein Mann, der ein wahrer Samurai genannt werden will, muß anders handeln.

* Der Tod durch *Seppuku* war ehrenhafter als die Enthauptung mit auf dem Rücken zusammengebundenen Händen, die bei großen Vergehen angeordnet wurde.

Fürchte kein Versagen

Ein Gefolgsmann, der seinen Posten für gefährlich hält, ist ein Feigling. Jeder macht einmal Fehler, ob im Dienst oder privat. Deshalb sollte man sich stets fragen: »Wie kann ich unbeholfener Mann im Dienst überleben?«

Das Wort eines Samurai

Als Moro'oka Hikoza'emon wieder zum Dienst verpflichtet wurde, erklärte ihm der Fürst, was er zu tun und zu lassen habe. Auf den Befehl des Fürsten hin, sein Versprechen im Namen der Götter* niederzuschreiben, entgegnete Hikoza'emon jedoch: »Die mündliche Zusage eines Samurai ist unabänderlich. Selbst Buddha und die Götter können nicht so weit gehen.« Da betrachtete der Fürst die Sache als erledigt. Hikoza'emon war zu dieser Zeit gerade sechzehn Jahre alt.

* Einer der bekanntesten Kriegsgötter ist Hachimantarô Yoshiie, ein heiliger Kriegsfürst, in dessen Namen Gelöbnisse abgelegt wurden.

Ungewöhnliche kosmische Phänomene

Ein ungewöhnliches kosmisches Phänomen als bedrohlich und unheilbringend anzusehen ist absurd. Sonne und Mond zur gleichen Zeit, Kometen, Wolken, die wie eine Prozession von Kriegsflaggen wirken, Blitze, Schnee im Juni*, Donner im Dezember* – diese Dinge tauchen alle fünfzig oder hundert Jahre einmal auf. Das liegt an den dualistischen Kräften des Kosmos. Nur wenn der Sonnenaufgang im Osten und der Sonnenuntergang im Westen ungewöhnlich wären, könnte man auch die anderen Dinge unheilvoll nennen.

Wenn wir außergewöhnliche Veränderungen am Himmel oder auf Erden bemerken, taucht manchmal tatsächlich Böses in dieser Welt auf. Das geschieht, weil zum Beispiel flaggenförmige Wolken unsere ängstlichen Gemüter so einschüchtern, als würde etwas gar Schreckliches bevorstehen, und wir dann darauf warten. Solch eine Geisteshaltung verursacht erst schlimme Ereignisse. Es hängt nur von der eigenen Sicht auf die Dinge ab, wie sie sich entwickeln.

* Gemäß dem Mondkalender.

Frei von Leiden

Die eigene Krankheit wird noch schlimmer, wenn es dem Gemüt schlechtgeht. Ich wurde geboren, als mein Vater schon siebzig Jahre alt war, und sah aus, als wäre ich im Schatten getrocknet worden, doch eines Tages beschloß ich, mein Leben zu vervollkommnen. Danach blieb ich von Krankheiten verschont, enthielt mich der körperlichen Lust und vollzog jeden Tag Moxabehandlungen. Dieses Leben hat mich sicher verändert. Man sagt: »Eine Schlange kehrt ins Leben zurück, selbst wenn sie schon siebenmal wiedergeboren wurde.« Ich hegte schon lange den Wunsch, siebenmal als Gefolgsmann dieses Clans wiedergeboren zu werden.

Kritik gebiert Ärger

Ein scharfsinniger Mann, der gern aktuelle Entwicklungen kritisiert und verhöhnt, bringt Unglück über sich. Wer seine Worte mit Bedacht wählt, wird in Friedenszeiten als nützlich angesehen und ist vor Strafe sicher; in Zeiten der Unruhe bleibt ihm die Exekution erspart.

Einspruch erheben

Wenn du den Fürsten kritisierst, muß das taktvoll geschehen. Alles so zu arrangieren, daß der Fürst perfekt dasteht, schadet dem Fürsten, weil er dann nichts mehr hat, worüber er selbst nachdenken müßte. Rauher und kompromißloser Widerstand dagegen führt nur zu erhitzten Debatten.

Nur aus selbstsüchtigen Motiven arbeiten

Ein Gefolgsmann, der nur zu seinem eigenen Vorteil arbeitet, indem er einen Posten wählt, den er mag und der dem Temperament des Fürsten und seiner Vorgesetzten entgegenkommt, mag zehnmal damit Erfolg haben. Wenn er aber nur einmal im Dienst versagt, ruiniert er sich selbst und endet schmachvoll. Denn seine Loyalität ist nicht gefestigt und wird von Gier und Bosheit getrieben.

Zeige im Falle deines Todes auf den Feind

Auf dem Schlachtfeld denke nur: »Niemand soll mich bei diesem Angriff besiegen.« Wenn jemand sich wünscht, in die Feindeslinien zu preschen und sie in Stücke zu reißen, wird sein Wille groß sein und zu mutigem Kampf führen. Auch muß man dafür Sorge tragen, im Falle des eigenen Todes in Richtung des Feindes zu liegen.

Jenseits der Vierzig

Ryutaiji* erzählte mir, daß im Kansaigebiet ein Wahrsager ihm einst offenbarte: »Es ist selbst für Mönche nutzlos, in der Welt aufzusteigen, bevor sie vierzig Jahre alt sind. Solch ein Aufstieg würde nur Fehler ermöglichen. Selbst Konfuzius sagte: ›Wenn ein Mann vierzig wird, sollte er nicht mehr schwanken.‹ Mit vierzig haben sowohl Weise wie auch Einfältige Einsicht ins Leben erlangt.«

* Der Kurat (Hilfsgeistliche) des Ryutaiji-Tempels.

Sei Untergebenen gegenüber aufmerksam

Ein Samurai in hoher Stellung, zum Beispiel Truppenkommandeur, sollte seinen Männern gegenüber freundlich sein. Nakano Kazuma Toshiaki*, der einen hohen Posten innehatte, verschwendete keine Zeit und nahm seine Untergebenen normalerweise gar nicht in Anspruch. Wenn jedoch einer seiner Untergebenen krank zu Bette lag oder wegen persönlicher Probleme fehlte, besuchte ihn Kazuma täglich auf seinem Nachhauseweg, um sich nach seinem Befinden zu erkundigen. Das brachte Kazuma den Respekt und die Bewunderung seiner ganzen Truppe ein.

Kämpfe, sogar verzweifelt und blind

Wenn es dazu kommt, einen anderen zu erschlagen, dann stelle keine rationellen Überlegungen an wie: »Wenn ich direkt auf ihn zugehe, wird es schwer sein, ihn zu töten. Ich werde einen Umweg benutzen, auch wenn der Zeit kostet.« So etwas vernichtet den rechten Zeitpunkt, schwächt deine Entschlußkraft und endet wahrscheinlich damit, daß du den Gegner gar

* Yamamoto Tsunetomo war auch in dieser Truppe.

nicht erschlägst. Der Weg des Samurai erfordert sogar, daß du verzweifelt und blind voranpreschst.

Sei dickköpfig

Eine dickköpfige Haltung paßt, noch vor Intelligenz und Diskretion, am besten zu Männern unter vierzig. Selbst in den Vierzigern und später kann der, der keinen kraftvollen Willen hervorbringt, trotz Charakter und Status andere nicht beeinflussen.

Fordere den Feind ungestüm heraus

Bist du entschlossen, jemanden zu töten, erlaube dir niemals zu denken: »Ich könnte verlieren, wenn ich den Feind sofort stelle. Statt dessen wähle ich lieber eine Verzögerungstaktik.« Solches Denken nimmt einem die Fähigkeit, den richtigen Zeitpunkt zu erkennen, und nimmt viel vom ursprünglichen Entschluß weg, weshalb er dann oft nicht verwirklicht werden kann. Der Weg des Samurai verlangt, daß er kopfüber in seinen Feind hineinstürmt, sogar blindlings.

Während buddhistischer Zeremonien im Jissoin-Tempel bei Kawakami hatte der betrunkene Knappe eines hochrangigen Mannes auf einem Boot einen Streit mit dem Fährmann. Am Ufer angekommen, zog der Knappe das Schwert, wurde aber zuerst von der Stange des Bootsmannes am Kopf getroffen. Andere Bootsleute eilten mit Rudern in der Hand herbei, um den Knappen niederzuknüppeln. Der Herr aber wandte sich ab und verließ die Szenerie. Ein anderer Knappe jedoch rannte zurück, entschuldigte sich bei dem Bootsmann, streckte den besagten Knappen nieder und brachte ihn zurück zur Residenz des Herrn. In dieser Nacht, so heißt es, wurden dem geschlagenen Knappen seine Schwerter abgenommen.

Zuerst einmal ist der Herr verantwortlich, weil er den ungebändigten Knappen nicht gerügt und den Bootsmann auf dem Fährboot nicht beruhigt hat. Dann jedoch, als der Knappe auf den Kopf geschlagen war, stand beruhigendes Zureden außer Frage, auch wenn der Knappe nicht vernünftig gehandelt hatte. Unter dem Vorwand von Entschuldigungen hätte der Herr den Bootsmann mit einem und den Knappen mit dem nächsten Schlag töten sollen. Der Herr war ein Feigling.

Wirf kleinmütige Logik weg

Yamazaki Kurando bemerkte einmal: »Ein Gefolgsmann, der zu klar auf den Grund der Dinge sieht, ist nicht wünschenswert.« Solch eines Mannes Geist ist besessen von Fragen, ob diese oder jene Tat loyal, berechtigt, angemessen für einen Gefolgsmann ist oder nicht. So werden Dinge vom Standpunkt der Vernunft und Gerechtigkeit aus analysiert, was mir gar nicht gefällt.

Solange jemand freudig seinen Gefolgsdienst jenseits aller Vernunft wahrnimmt und seinem Fürsten mit blinder Ergebenheit folgt, ist sein Dienst vollkommen. Solch ein Mann ist ein wahrer Gefolgsmann. Wenn er seinem Dienst ganz und gar ergeben ist und ernsthaft an seinen Fürsten denkt, mag er bei ein, zwei Fehltritten erwischt werden. Sein Herz aber ist frohen Mutes.

Auch wenn Leute sagen: »Dinge zu weit zu treiben ist wertlos«, sollte ein Mann im Gefolgsdienst zufrieden sein mit seinem außerordentlich feurigen Dienst – selbst bei den paar Fehlern, die dabei passieren. Ein Mann, der Dinge für falsch oder richtig halten kann, ist in unwichtige Details verstrickt und verschwendet sein Leben für nichts – ein bedauernswerter Anblick.

Das Leben des Menschen ist extrem kurz. Man

sollte ungestüm voranstürmen; von solchem rein glühenden Eifer beim Gefolgsdienst abgelenkt zu werden, mag ich nicht. Wirf alles weg, und versenke dich im Gefolgsdienst: Das ist die höchste Form für einen Gefolgsmann. Logische Analysen über Loyalität oder Gerechtigkeit sind verachtenswert.

Mißbrauche die Toten nicht

Als ein Samurai anmerkte: »Wie traurig, daß XY so jung starb!«, antwortete ich: »Stimmt, er war ein wertvoller Mann.« Als nun dieser Samurai lamentierte, daß in diesen Tagen des Niedergangs *Giri*, die sozialen Verpflichtungen, vollständig verworfen würden, tröstete ich ihn: »Wie ein Sprichwort sagt: ›Wenn die Dinge ganz übel laufen, werden sie sich zum Besseren wenden.‹ Darum wird diese Welt sich zweifellos verbessern.«

Nach der Hinrichtung von Nakano Shogen wurde dieser bei einem Treffen im Haus der Gruppe von Kommandant Oki Zen-Hyobu gehörig schlechtgemacht, woraufhin Hyobu die Männer zurechtwies: »Wir sollten nicht schlecht von den Toten sprechen. Menschen, die beschuldigt wurden, sollten bedauert werden; über Tote das Beste zu sagen, was man kann, entspricht der Verpflichtung des Samurai zu gegenseitigem Mitleid am ehesten. Nur der Himmel weiß, ob Nakano Shogen nicht in zwanzig Jahren als loyaler Gefolgsmann wiedereingesetzt wird.« Diese kostbaren Worte standen dem alten Kämpfer gut zu Gesicht.

Diene dem Fürsten als nützlicher Mann

»Es gibt keinen Herrn, der keine nützlichen Männer unter sich will«, sagte einmal Furukawa Rokuzaemon, »selbst die Männer von unserem bescheidenen Rang wollen gute Männer zur Hand haben; um wieviel mehr sollten Männer auf hohen Positionen nach solchen verlangen! Darum kann ein Mann, der danach strebt, sich nützlich zu machen, seinen Weg zum Dienst für den Fürsten leicht finden, er muß nur das Angebot annehmen wie etwas, das man schon lange haben wollte. Erst als ich ein alter Mann wurde, erkannte ich, daß die Menschen ihr Leben sinnlos vergeuden, ohne diese Wahrheit zu erkennen. Junge Männer, seid vorsichtig!«

Seine Worte sind noch frisch in meiner Erinnerung. Was ein Gefolgsmann im Sinn behalten muß, ist einfach: Er muß nur daran denken, dem Fürsten als nützlicher Mann zu dienen, ohne irgendwelche hochtrabenden Ideen. Wenn Männer auch nicht wirklich von solchem Geist entfernt sind, ist es doch ernstlich bedauernswert, daß sie sich nicht guten Mutes bemühen, die Hindernisse auf ihrem Weg zu überwinden, sondern ihr kostbares Leben nur eitel verschwenden.

Es gibt auch Männer, die sich offenkundig mit ihrem Rückzug abfinden, weil sie sich ihrer Fähigkeiten im Dienst für den Fürsten auf ihren niederen Positionen nicht sicher sind. Solange jedoch jemand als nützlicher Mann sein treues Herz auf den Dienst für den Fürsten richtet, können sogar eher »beschränkte« Männer besser dienen als die, die weise oder schlau genannt werden und meistens am Ende dem Clan nur schaden.

Die von niederem Ansehen in den ländlichen Gegenden halten respektvollen Abstand von den Clanministern und älteren Ratgebern und verehren diese, als wären sie von göttlichen, okkulten Kräften besessen, während man, einmal mit ihnen vertraut, bei ein, zwei Gesprächen herausfindet, daß sie sich nicht von gewöhnlichen Menschen unterscheiden, bis auf ihre ständige Sorge um die Angelegenheiten des Clans. Der Dienst eines Mannes für das Wohlergehen des Clans erfordert keine besondere Weisheit und kein Talent. Selbst Männer wie wir können daran denken, ein wenig dem Fürsten, dem Clan und seinen

Angehörigen zu dienen, auch wenn es äußerst schwer ist, dem Fürsten wirklich nützlich zu sein.

Sich im Alter unvernünftig benehmen

Taku Mimasaka verhielt sich im Alter unvernünftig und kaltherzig gegenüber seinen Männern. Als er von einem anderen zurechtgewiesen wurde, soll er gesagt haben: »Das geschieht alles zum Nutzen von Nagato, meinem Sohn. Nach meinem Tod werden die Menschen die Dinge unter meinem Sohn viel leichter nehmen können.«

Wenn der Herr nach angesehener Herrschaft kurz vor seinem Abdanken seinen Gefolgsleuten gegenüber unvernünftig handelt, dann kann sein Sohn, der die Herrschaft übernimmt, schnell die Ergebenheit der Gefolgsleute gewinnen. Das ist eine geheime Formel, die aus alten Zeiten übermittelt wurde.

Erkenne die Natur der anderen

Um Dinge zu klären, sollte man die Natur des anderen schnell verstehen und entsprechend handeln.

Bei einem streitenden Mann von starkem Willen

muß man bedächtig nachgeben und seine Vernunft gewinnen, ohne harsch zu klingen und Raum für Ärger zu hinterlassen. So sollten Geist und Worte arbeiten, um Dispute auszuräumen. Ein bestimmter Mann, der von einem Mönch so ermahnt worden war, zitierte ihn in diesem Sinne.

Die drei Prinzipien des Gefolgsdienstes

Die tiefe Grundlage des Gefolgsdienstes eines Samurai ist im allgemeinen, sein Leben dem Fürsten anzubieten.

Der Samurai muß zuerst in sich selbst Weisheit, Güte und Tapferkeit pflegen. Für einen Laien mag es unmöglich erscheinen, diese drei Tugenden gemeinsam zu besitzen, doch es ist leicht. Weisheit, unermeßlich reiche Weisheit, kann erlangt werden, indem man andere um Rat fragt; Güte entsteht aus der Arbeit zum Wohle anderer, indem man mehr an andere als an sich selbst denkt; Tapferkeit heißt, die Zähne zu blecken und mißliche Lagen unter den Füßen zu zermalmen, ohne klug über die Konsequenzen nachzudenken. Ich kenne keinen besseren Rat als diesen.

Die wichtigen Punkte in den Augen anderer sind die Erscheinung, die Art zu sprechen und die Handschrift – tägliche Angelegenheiten, die durch tägliche Übung verfeinert werden können. Allgemein gesprochen, bemühe dich, ruhig und tatkräftig zu sein. Nachdem du solche Eigenschaften erlangt hast, studiere die Geschichte des Clans und seine Traditionen und danach zum Zeitvertreib einige seiner Errungenschaften.

Alles in allem ist der Gefolgsdienst nicht schwierig; wer als nur ein bißchen nützlich angesehen werden will, denkt nur an diese drei Prinzipien.

Wie man dem Fürsten hilft

Man sollte seinen ruhigen und heiteren Herrn durch und durch preisen und zusehen, daß er seine Pflicht ohne Fehler versehen kann – mit Weitblick für die Kultivierung seines positiven Charakters. Wenn der Herr aber tapfer und scharfsinnig ist, muß der wahre Gefolgsmann so handeln, daß er vom Herrn als ihm überlegen angesehen wird. Der Herr wird stets innehalten und sich fragen, was der Gefolgsmann von seinen Ideen hält, bevor er sie in die Tat umsetzt.

Ohne solch einen Gefolgsmann würde der Fürst annehmen, daß der Clan nur aus Schmeichlern besteht, die sich bei ihm gut stellen wollen, und würde so von Selbsttäuschung verzehrt, die jeglichen

Versuch einer besseren Verwaltung in Stücke zerbräche.

Männer wie Kyuma und Kichiemon waren in diesen Punkten sehr vorsichtig und wurden von ihren Fürsten geschätzt. Kichiemon, so sagt man, wurde von den Fürsten zu bestimmten Problemen sogar während seiner Krankheit und in seinem Ruhestand befragt, eine ganz besondere Anerkennung.

Männer wetteifern nicht um dieses Ziel, weil sie von dessen Unmöglichkeit überzeugt sind. Nach meiner eigenen Erfahrung jedoch ist es tatsächlich möglich, nach zehn Jahren langer Plackerei zu einer solchen Position zu gelangen.

Wer keinen Versuch unternimmt, der einzige geschätzte Mann im ganzen Clan zu werden, so wie Nobukata und Takatomo, ist ein Feigling.

Wenn ein Mann aber die Dinge nur ein bißchen zu weit treibt und von seinem Fürsten gemieden wird, ist sein Dienst fruchtlos. Die meisten Menschen sind sich dessen nicht bewußt. Man muß den Fürsten schrittweise zur Vernunft bringen.

Äußere nicht ein einziges Wort gegen den Fürsten

Ein Gefolgsmann, der herausgefunden hatte, daß Fürst Mitsushige die heiligen Familiengedenktafeln aus der Gautama-Halle entfernt hatte, fragte mich, ob der Fürst dafür zurechtgewiesen werden müßte. Ich riet ihm mit den Worten ab: »Du hast alles Recht, den Fürsten zurechtzuweisen. Niemand sonst könnte diese Tat des Fürsten bemerkt haben. Dennoch ist es unnötig, ihn zu belehren. Wenn der Fürst deine Eingabe annimmt und die Gedenktafeln in die Halle zurückbringt, wo sie hingehören, wird dein Ruf sich verbessern, wenn das bekannt wird. Lehnt der Fürst aber deinen Einwand ab, werden die Menschen schlecht vom Fürsten sprechen, während du einen noch besseren Ruf als treuer Gefolgsmann genießen magst. Es ist jedoch für einen Gefolgsmann nur angemessen, die Schuld für seines Fürsten Fehler auf seine eigenen Schultern zu nehmen. Wenn alles so bleibt, wie es ist, bemerkt niemand etwas, und nichts Besonderes wird passieren. Bei einer passenden Gelegenheit wirst du vielleicht einen Weg finden, den Fürsten die Familiengedenktafeln in die Halle zurückbringen zu lassen, ohne daß die Menschen daraus eine große Sache machen.«

Jede Nachricht von einem Fehler des Fürsten kann

leicht verbreitet werden. Man muß geduldig auf den besten Augenblick warten, um die Irrtümer des Fürsten auszubügeln. Generell werden Fehler und Laster arglos Menschen im vertrauten Kreis offengelegt. Man sollte aber nie ein einziges Wort gegen seinen Fürsten äußern. Man neigt dazu, es für sicher zu halten, seinen Eltern, Kindern, Brüdern und engen Freunden die Fehler des Fürsten »streng vertraulich« zu berichten, sieht dann aber diese Nachrichten wie ein wildes Feuer im eigenen Clan, in den Nachbarprovinzen und schließlich im ganzen Land sich verbreiten.

Diener und sogar Familienangehörige können den Herrn des Hauses offen mißachten, wenn sie nicht angemessen behandelt werden. Im eigenen Familienkreis und in vertrauten Gruppen sollte man seine Lippen versiegeln.

Leidenschaftliche Hingabe in jedem Moment

Es gibt nichts Wichtigeres als die leidenschaftliche Hingabe in einem gegebenen Augenblick. Das Leben besteht aus dieser Glut, die immer wiederholt wird. Der Geist eines Mannes, der zu dieser Wahrheit erwacht ist, wird weder von irgendwelchen drückenden Belastungen noch von Wünschen besetzt. Er muß sein Leben nur auf leidenschaftliche Hingabe ausrichten.

Dennoch ist niemand in der Lage, diese Wahrheit zu verwirklichen; niemand hört auf, nach anderen wichtig aussehenden Dingen des Lebens zu suchen.

Es dauert viele Jahre, die leidenschaftliche Hingabe immer mit sich zu tragen und schließlich von der Verblendung befreit zu werden. Einmal erwacht, muß man nicht immer bewußt in konzentrierter Anstrengung leben. Die leidenschaftliche Hingabe in jedem Augenblick kann, wenn gründlich verwirklicht, einen Mann klar über der täglichen Verwirrung durch kleine Dinge stehen lassen. Loyalität ist in dieser leidenschaftlichen Hingabe enthalten.

Kehre zu den Grundlagen zurück

Wenn jemand seine Genialität strapaziert oder hart trainiert, um als Gefolgsmann besser zu dienen, fliegen seine Ansichten oft so hoch, daß er die tiefen Grundlagen des Gefolgsdienstes vergißt. Über nichts Unwesentliches nachzudenken, unauffällig zu handeln, ernsthaft an den Fürsten zu denken und den Gefolgsdienst zu lieben ist alles, was von einem Gefolgsmann verlangt wird.

Man sollte besser zum grundlegenden Prinzip des Gefolgsdienstes zurückkehren. Das heißt nicht, daß jemand von Beginn an nach diesem Prinzip handeln müsse. Nur wenn sich jemand in seinem Gefolgsdienst wirklich gründlich geübt hat, sollte er wegwerfen, was er bis dahin erreicht hat, und zu den Grundlagen zurückkehren.

Zögere nicht, den Fürsten um finanzielle Hilfe zu bitten

Während meines abgelaufenen Dienstes beunruhigte mich keinerlei Gedanke an meine angespannte finanzielle Lage. Wenn meine Familie ohne Essen wäre, so dachte ich, könnte ich das Gefolge des Fürsten oder ihn selbst um Geld bitten, wie es schon Ezoe Hyobuzaemon getan hatte.

Vor Jahren, als ich nach Kyoto aufbrechen mußte, um meinen offiziellen Dienst dort anzutreten, bat ich die älteren Ratsmitglieder um finanzielle Unterstützung: »Mein Haushaltsbudget ist wegen meines langen Aufenthaltes in Kyoto arg strapaziert. Ich würde einen rücksichtsvollen Umgang damit sehr schätzen, denn wenn meine Schuld irgendwie unbeglichen zurückbliebe, würde das sogar den ehrwürdigen Namen unseres Clans beflecken. Die

Schulden rühren nicht von meiner Selbstsucht her; sie stammen von meinem offiziellen Aufenthalt in Kyoto.« Die Ratsmitglieder berichteten das dem Fürsten, der mir großzügig eine bestimmte Summe Geld gewährte.

Bei einer anderen Gelegenheit, bei der ich im Gefolgsdienst unter medizinischer Betreuung stand, verschrieb mir der Arzt Ginseng. Als Moro'oka Hikouemon Wind von meiner finanziellen Lage bekam, die kein Ginseng zuließ, sagte er zu mir: »Wir werden dir so viel Ginseng besorgen, wie du brauchst. Bitte zögere nicht, es zu benutzen.« So erhielt ich ohne Vorbehalt den Ginseng. »Du hast eine wichtige Position, um dem Fürsten beharrlich bei der Erfüllung seiner Verantwortung zu helfen«, sagte er, »wie groß dein Bedarf an Medizin wie Ginseng auch sein mag, wir werden dich stets weiter um deinen Rat ersuchen.«

Wenn der Gefolgsmann alles dem Fürsten überlassen hat, muß er sich um seine eigenen Angelegenheiten nicht sorgen. Ein gedankenloses Zeigen von Vorbehalten dagegen erschwert die Dinge.

Laß dich nicht von hinten erschlagen

Bei einer bestimmten Schlacht sah es schlecht für die Armee von Fürst Ieyasu aus. Später redeten die Menschen angeblich über seinen Rückzug mit Bewunderung: »Ieyasu ist ein großer Befehlshaber von unschätzbarer Tapferkeit. Nicht einer seiner Samurai, die in der ungleichen Schlacht fielen, wurde mit einem dem Feind zugewandten Rücken aufgefunden.« Die geistige Einstellung dieser Samurai offenbarte sich sogar noch nach ihrem Tod; das läßt unsere Einstellung heute schändlich erscheinen.

Liebe in ihrer höchsten Form

Die höchste Form der Liebe liegt darin, die brennende Liebe für sich zu behalten und nicht einmal der geliebten Person sein Herz zu öffnen.

Empfange, wenn mein Leben vorüber ist,
Meine verzehrende Liebe für dich
Aus dem Rauch, der von meinem brennenden
Körper aufsteigt.

Die Liebe, die einer Geliebten offenbart wird, wenn man noch lebt, ist nicht tief; mit der geheimgehaltenen Liebe zu sterben ist die höchste Form der Liebe. Selbst wenn man von dem Menschen, den man liebt, gefragt wird, ob das der Fall ist, ist es entscheidend, gleich zu antworten: »Das ist das Letzte, was ich mir vorstellen kann.« Was für einen komplizierten Weg die wahrste Liebe doch gehen muß!

Als ich das kürzlich diskutierte, stimmten einige Männer mit mir überein, und wir wurden die »Rauchgruppe« genannt. Diese Philosophie der Liebe paßt auf alles. Sie verdeutlicht zum Beispiel die Beziehung zwischen Fürst und Gefolgsmann. Und die Selbstkontrolle beim Alleinsein entspricht der Zurückhaltung bei offiziellen Anlässen. Solange jemand nicht davon Abstand nimmt, in der Einsamkeit schmachvoll zu handeln oder über niedere Dinge heimlich tief in seinem Herzen nachzudenken, kann er nicht rein und klar erscheinen.

Diese leere Welt

(Diktiert auf einem Spaziergang) Ich habe erkannt, was ein hervorragend entworfener Marionettenmann ist. Auch ohne Fäden kann er stolzieren, springen, hüpfen und sogar sprechen, eine sorgfältig entworfene Puppe! Wer weiß? Zur *Bon*-Saison im nächsten Jahr bin ich vielleicht ein neuer Toter, der zum *Bon*-

Fest* eingeladen wird. Was für eine vergängliche Welt! Diese Wahrheit entschlüpft doch dauernd unserem Bewußtsein.

Jeder Moment ist entscheidend

(Wie von Yamamoto Tsunetomo seinem Adoptivsohn Gonnojo erzählt) Der gegenwärtige Augenblick kann wohl der entscheidende sein; der entscheidende Moment kann genau jetzt sein. Menschen, die diese Momente für getrennte Dinge halten, können im Augenblick des Notfalls nicht bereit sein. Wenn ein Mann genau jetzt zu seinem Fürsten gerufen und angewiesen würde, seine Gedanken zu einem bestimmten Sachverhalt zu äußern, würde er höchstwahrscheinlich keine prompte Antwort wissen. Dies bezeugt, daß die Einstellung gegenüber dem entscheidenden Augenblick anders ist als die zu den gewöhnlichen Stunden.

Diese verschiedenen Momente für ein und dasselbe zu halten erfordert tägliches Üben als Gefolgsmann während der Freizeit, um in der Lage zu sein, Dinge explizit zu erklären, wenn man vor das Shogunat oder den Shogun selbst zitiert wird, vor den Lehensfürsten

* Auch als *Urabon-e* bekannt. Es dauert eine Woche mit dem 15. Juli als zentralem Tag, dem *Chunichi*. Beim *Bon*-Fest werden die Seelen der Vorfahren eingeladen und beruhigt.

oder ältere Ratsmitglieder des Clans. Und das, selbst wenn man sicher weiß, daß der eigene niedere Rang im ganzen Leben niemals die Möglichkeit bieten wird, in der Gegenwart des Fürsten zu sprechen.

Diese Haltung paßt zu allem – ob du auf dem Schlachtfeld bist oder im bürgerlichen Dienst. Sei also entsprechend umsichtig. Wenn wir dies so weit analysieren, wie sehr müssen wir da erkennen, daß wir ständig unaufmerksam sind!

Sei vorbereitet auf den Tod

Reiche und Arme, Junge und Alte, Erwachte und Verblendete – alle müssen sterben; der Tod kommt zu jedem von uns. Jeder macht sich glauben, auch wenn er diese Wahrheit kennt, er sei der letzte, der sterben müßte, nachdem alle anderen diesem unausweichlichen Schicksal begegnet wären – ohne einen Gedanken an den nahenden Tod, der jeden Moment an seine Tür klopfen kann. Eine kurzlebige Aussicht!

Wenn es irgendeine geheime Formel im Umgang mit dem sicheren Tod gibt, liegt sie in der Vorstellung, daß nichts, was man tut, den Tod vermeiden kann, daß das eigene Leben nichts als ein leerer Traum ist. Hast du das begriffen, sei niemals unaufmerksam gegenüber dem Schatten des Todes, der dicht um deine Füße herumschleicht. Erspare dir keine Mühe, früh darauf vorbereitet zu sein.

Ermutigung ist besser als Sympathie

Wenn einer gedankenlos Worte des Mitleids wie »tut mir leid, das zu hören« zu jemandem sagt, der aufgrund eines unerwarteten Unglücks seine Geistesgegenwart verloren hat, wird der Leidende nur noch niedergeschlagener und unfähig, vernünftig zu denken. In solch einem Fall sollte man besser die Aufmerksamkeit des anderen ablenken, indem man ihn tröstet: »Du hast Glück. Das hätte schlimmer kommen können!« oder mit ähnlichen Worten, so als wäre nichts Schlimmes geschehen. Wenn er sich an solche Ermutigung klammert, kann der Leidende sich bestimmt erholen und die Dinge wieder in einem vernünftigen Licht sehen. In dieser ungewissen Welt muß man nicht lange andauernde Sorge oder Freude hegen.

Ein Gefolgsmann, der die Dinge zu sehr durchschaut

»Ein Gefolgsmann, der die Dinge zu sehr durchschaut, ist nicht wünschenswert«, sagte Yamazaki

Kurando. Das ist ein weiser Ausspruch, weil es einem Gefolgsmann am besten ansteht, sich ganz seinem offiziellen Dienst zu widmen. Sonst würde er es für richtig halten, ständig das Für und Wider von Angelegenheiten zu hinterfragen, die Vergänglichkeit der Welt zu spüren, das Leben eines Einsiedlers zu imitieren, sich selbst inmitten einer verrohten Gesellschaft oder Stadt sehen, Buddhismus studieren, um sich selbst von der ewigen Sorge um Leben und Tod zu befreien, mit Poesie und Musik spielen, sich in eleganten Verrichtungen ergehen und so fort.

Solch ein Weg ist für den eigenen Frieden und die reine Seele gedacht und für einen Samurai im Ruhestand oder einen Einsiedler vertretbar, jedoch nicht für einen Gefolgsmann im aktiven Dienst. Gefolgsleute, die einem solchen Weg folgen, sind feige, weil sie ein sorgenfreies Leben dem mit Mühe beladenen Dienst des Gefolgsmannes vorziehen.

Schau dir ungebildete Analphabeten an, die ihren Herren leidenschaftlich und ohne Umschweife dienen oder danach streben, ihre Familien zu erziehen. Sie können alle Tage ein bewundernswertes Leben führen. Wer trotz seines Gefolgsdienstes Zen übt, seinen Geist Poesie und Musik zuwendet, sich mit eleganten Dingen umgibt und in merkwürdige Kleidung hüllt, vergeudet oft sein Familienvermögen, erleidet Armut und kann sich weder als Laie noch als Mönch ausweisen, weder als Hofadliger noch als Einsiedler. Ein unziemlicher Anblick.

Manche meinen, Zerstreuungen während der Freizeit und nach den Dienstzeiten seien erlaubt. Sie mögen tatsächlich den eigentlichen Dienst nicht behindern. Wenn aber der Geist gänzlich von diesem Dienst angefüllt ist, bleibt kein Raum für solchen Zeitvertreib. Jede Zeit, die man vergeuden kann, bedeutet zweifelsfrei: Ein Mann geht nicht wirklich in seinem Dienst auf.

Die Worte eines kampferfahrenen Samurai haben hier großes Gewicht. Als Yamazaki Kurando den Posten eines alten Ratsmitglieds innehatte, erfreuten sich viele Gefolgsleute des Fürstenpalastes am Verfassen von Haikus, nur er nahm nicht ein einziges Mal an ihrer Haiku-Gruppe teil und sagte gewöhnlich, bevor er zu Bett ging: »Meine Herren, genießen Sie nun Haiku, da Ihr Dienst für heute beendet ist.« Nach seiner Erzählung verbrachte er selbst erst im Ruhestand Stunden mit dem Dichten von Haikus.

Das kurze Leben eines Mannes

Das Leben eines Mannes ist nur ein aufblitzender Moment; ein Mann sollte sein Leben mit dem verbringen, was er will. In diesem kurzen Leben wäre es falsch, sich als Mann zu etwas zwingen zu lassen, was man nicht mag, und so sein Dasein leidend zu verbringen.

Wenn dieser Gedanke natürlich falsch ausgelegt wird, ist er schädlich. Darum habe ich ihn für mich behalten und nie jungen Männern verraten.

Ich mag meine Nickerchen. Ich denke daran, stilvoll, gemäß meinen gegenwärtigen Umständen, nur noch im Haus zu bleiben und mich am Schlaf zu erfreuen.

Die Erscheinung

Die Erscheinung eines Menschen zeigt seine Würde als Ausdruck der Tiefe seines Charakters. Seine konzentrierte Anstrengung, heitere Einstellung, schweigsame Pose, höfliche Veranlagung, freundliche Haltung, gebleckten Zähne und sein stechender Blick – all das zeigt Würde. Solche äußere Erscheinung rührt von ständiger Aufmerksamkeit und Ernsthaftigkeit her.

Haste nicht durchs Leben

Jeder versagt manchmal aufgrund seiner Ungeduld bei einem großen Unterfangen. Denke immer: »Die

Zeit ist noch nicht gekommen«, und du kannst sehen, wie sich deine glühenden Wünsche viel früher als erwartet materialisieren, das heißt in gebührender Zeit. Stell dir vor, wie die Dinge in fünfzehn Jahren aussehen werden. Die Welt mag einschneidend verändert sein, mehr noch als in Büchern beschrieben, die die Zukunft voraussagen. Keiner der nützlichen Menschen von heute mag die nächsten fünfzehn Jahre überleben; nicht einmal die Hälfte der Jugend von heute mag dann noch leben.

In dieser allmählich sich verschlechternden Welt verlieren Menschen im Laufe der Zeit ihre Fähigkeiten, so wie Silber an die Stelle von Gold als Schatz tritt, wenn die Goldvorräte verbraucht sind, oder Kupfer für Silber kommt, wenn alles Silber weg ist. Ständige Anstrengung – von diesem Augenblick an – kann jemanden in fünfzehn Jahren zu einem nützlichen Mann machen, was ja nichts als ein flüchtiger Moment in einem Traum ist. Solange jemand sorgsam auf seine Gesundheit achtet, kann er vielleicht seinen lang gehegten Traum vom Dienst als nützlicher Gefolgsmann für den Fürsten wahr werden sehen. Wenn die Welt voll von herausragenden Männern ist, kann man andere schwer übertreffen, während es in einem Zeitalter, in dem alles verfällt, viel leichter ist, jemand Bedeutendes zu sein.

Laß deinen Clan bereitwillig untergehen

Fürst Naoshige sagte einmal zu seinem Enkel, Fürst Motoshige: »Jedes Haus, ob von hohem oder niederem Rang, muß früher oder später untergehen. In diesem Fall gehst du selbst schändlich unter, wenn du zu ungeduldig versuchst, dich aus der mißlichen Lage zu befreien. Wenn es Zeit für den Niedergang ist, laß deinen Haushalt mit Würde in den Ruin gehen. So vorbereitet, wirst du vielleicht ein, zwei Wege finden, dich von solchem Ruin irgendwie fernzuhalten.« Diese Geschichte wurde von Fürst Motoshige seinem Sohn Zenkai-in erzählt.

Der geschwächte Speerstoß

Als Prinz Aki-no-kami Fürst Naoshige wegen einer offiziellen Angelegenheit zur dritten Zitadelle rief, mußte er erkennen, daß der Fürst nicht da war und niemand wußte, wo er sich befand. Auch beim zweiten Aufruf am nächsten Tag blieb der Fürst verschwunden. Nach sorgfältiger Suche auf dem Gelände der Burg wurde der Fürst schließlich auf dem Aussichtsturm angetroffen.

Der Prinz kletterte sofort hinauf und fragte den Fürsten, was er dort gemacht habe. Fürst Naoshige antwortete: »Ein paar Tage lang habe ich die öffentliche Moral unseres Clans beobachtet.« Weiter erklärte er auf die Frage, was das bedeute: »Das heißt, Passanten auf der Straße zu beobachten und zu analysieren, was ich beobachtet habe. Leider scheinen die Speerstöße der Provinz Hizen in letzter Zeit schwächer geworden zu sein. Ein Mann in deiner Position muß sich merken, was ich hier sage. Die meisten Passanten schauen zu Boden, weil ihr Geist freundlich geworden ist. Ohne gewalttätigen Geist kann aber ein Speerstoß keine Kraft haben. Von einem Mann mit unbeugsamem Herzen, der alles aufrichtig und ehrlich bedenkt, wird man nicht erwarten, männliche Aufgaben zu erfüllen. Manchmal muß man prahlen und den eigenen Geist aggressiv und sorgenfrei halten, um Samurai zu werden.« Danach, so sagt man, hatte Prinz Aki-nokami ein großes Mundwerk. *(Diese Geschichte wurde von einem gewissen Nakano erzählt.)*

Ein Eid, zurückgezogen zu sterben

Yoko'o Kuranojo, der unübertroffene Meister im Speerkampf, diente Fürst Naoshige und wurde von dessen außerordentlicher Zuneigung gesegnet. Der Fürst pries Kuranojo himmelhoch seinem Enkel Fürst

Getsudo gegenüber: »Wenn du nur mit eigenen Augen sehen könntest, wie mutig Kuranojo zu Beginn seiner Jugend in den Schlachten seinem Speer zuredete! Das war ein bewundernswerter Anblick!«

Kuranojo war für die besondere Zuneigung des Fürsten dankbar und bot ihm den schriftlichen Schwur an, ihm bei dessen Tod durch *Seppuku* in die andere Welt zu folgen. Später geriet Kuranojo in einen Rechtsstreit mit einem Bauern, der vor die Ratsversammlung des Clans gebracht wurde, wo er aus hinreichenden Gründen für verantwortlich gehalten wurde.

Kochend vor Wut wandte sich Kuranojo an seinen Fürsten: »Wie kann ein Samurai, der für einen Bauern aufgegeben wird, seinem Fürsten durch *Seppuku* in die Unterwelt folgen? Bitte gebt mir meinen Schwur zurück.« Da bemerkte Fürst Naoshige seufzend:

»In einem Rechtsstreit gewinnt der eine, der andere verliert. Er ist zwar in den Kriegskünsten bekannt, weiß aber wenig von der Welt. Wie bedauerlich!« Dann gab er ihm den schriftlichen Schwur zurück.

Sei ständig wachsam

Fürst Naoshige ging nachts gerne aus, machte es sich aber zur Gewohnheit, so lange zu plaudern, bis er nüchtern war, ehe er heimkehrte. Zum Schlafen bereit, zurrte er sein Leintuch fest. Er zog sein langes Alltagsschwert, inspizierte dessen eiskalte Klinge so genau, daß sie seine Brauen berührte, und steckte sie dann zurück in die Scheide. Dies versäumte er nicht eine Nacht.

Übersieh entwürdigende Taten

Fürst Naoshige schoß auf einer Jagd bei Shiraishi einen wilden Bären. Sein Gefolge rannte unter Worten der Bewunderung für die ungewöhnlich große Trophäe zu dem Wild, als der Bär plötzlich aufstand und weglaufen wollte. Während die Zuschauer sich verwirrt zerstreuten, zog Nabeshima Matabei sein Schwert und tötete das Tier sofort.

Fürst Katsushige bedeckte derweil sein Gesicht mit dem Ärmel seines Jagdanzugs und sagte: »In meine Augen kommt Staub!« Er war aufmerksam genug, sich nicht den entwürdigenden Anblick der beunruhigten Männer anzuschauen.

Die vier Arten von Gefolgsleuten

»Es gibt vier Arten von Gefolgsleuten: die langsam-schnellen, schnell-langsamen, schnell-schnellen und langsam-langsamen«, sagte Fürst Katsushige oft. »Die schnell-schnellen können Anweisungen jederzeit richtig zur Zufriedenheit ihrer Herren ausführen. Dieser beste Typ von Gefolgsmann wird nur selten angetroffen. Fukuchi Kichizaemon kommt diesem Idealtyp nahe. Der langsam-schnelle kann Dinge flink erledigen, auch wenn er nicht gleich die Anweisungen versteht. Männer wie Nakano Kazuma sind von dieser Sorte. Die schnell-langsamen, die schnell die Instruktionen auffassen, brauchen zu lange, um sie auszuführen. Alle andern sind vom langsam-langsamen Typ.«

Wie man Männer von Talent findet

Fürst Katsushige reichte seinem Sohn Mitsushige noch vor der Übergabe der Herrschaft ein Dokument, das Fürst Naoshiges Worte zu zwanzig Themen enthielt. Ich verweise auf eine Unterhaltung, die am 26. Mai zwischen Fürst Naoshige auf seinem Totenbett und seinem Sohn, Fürst Katsushige, stattfand:

»Am wichtigsten beim Regieren eines Clans ist es, Männer von herausragendem Talent zu finden«, sagte Fürst Naoshige.

Darauf fragte Fürst Katsushige: »Sollte man Buddha und den Göttern gegenüber einen Eid ablegen, um gute Gefolgsleute zu bekommen?«

»Nein«, antwortete sein Vater, »im allgemeinen beten Menschen zu Buddha und den Göttern um etwas, das sie nicht aus eigener Kraft erlangen können; gute Männer zu finden steht aber in des Menschen Kraft.« Als er noch einmal gefragt wurde, wie man das schaffen könne, sagte er: »Die Dinge haben die Eigenschaft, sich um einen Mann zu versammeln, der sie mag. Wenn zum Beispiel ein Mann, der nie eine Pflanze besaß, zu einem Blumenliebhaber wird, wird er sich nach einer Weile von vielen Blumenarten umgeben finden, manchmal sogar von einer oder zwei seltenen Sorten. Ebenso kann ein Mann, der talentierte Männer mag, sie für sich gewinnen – indem er sie liebt und sich um sie sorgt.«

Von Fürst Naoshige ist auch überliefert: »Nichts, was nicht aus Aufrichtigkeit entsteht, kann wirklich nützlich sein.« Des weiteren verwies er auf verschiedene andere Dinge.

Halte dich nie für verehrungswürdig

Als Fürst Tsunashige mit seinem Vater Katsushige zum ersten Mal von Edo zum Saga-Clan reiste, reihten sich Dorfbewohner zu beiden Seiten der Straße auf, um dem jungen Prinzen bei seinem ersten Clanbesuch Respekt zu bezeugen. Sie verbeugten sich mit zum Gebet gefalteten Händen vor ihm. Später sagte Fürst Tsunashige zu seinem Vater: »Sie verneigten sich vor mir im Gebet, als ich vorüberzog.«

Sein Vater belehrte ihn streng: »Das mußt du ernsthaft überdenken. Halte dich nie für heilig und für würdig, durch andere Menschen verehrt zu werden.«

Gnade und Mut

Fürst Tannen pflegte zu sagen:

»Der buddhistische Mönch kann keine Erleuchtung im Buddhismus erreichen, wenn er nach außen keine Gnade und nach innen keinen grenzenlosen Mut zeigt; der Samurai kann seine Pflicht als Samurai nicht erfüllen, wenn er nach außen keinen Mut und nach innen keine grenzenlose Gnade zeigt. Buddhistische Mönche erlernen darum Mut durch die Verbindung zu den Samurai, während Samurai Gnade in der Gesellschaft von Mönchen lernen.

Während all der Jahre meiner Reise auf der Suche nach Erleuchtung konnte die Begegnung mit gelehrten hohen Priestern mir nie bei meiner Übung helfen, nicht ein einziges Mal. Wann immer ich von heldenhaften Samurai hörte, besuchte ich sie, wie hart die Reisen auch waren, um ihren Gesprächen über *Bushido* zu lauschen. Das war, wie ich mich genau erinnere, eine große Hilfe auf der Suche nach Wahrheit.

Zuerst kann ein Samurai, der immer bewaffnet ist, mit Hilfe der Waffen, die er trägt, auf ein Schlachtfeld stürmen; während der Mönch, der mit nichts als einem Rosenkranz bewaffnet ist, nicht in einen blutigen Wald von glitzernden Speeren und Schwertern rennen kann, weil er nur von einfacher Freundlichkeit und gütigem Geist begleitet wird. Zweifellos bräuchte letzterer dafür umfassenden Mut. Aus diesem Grund sieht man hohe Priester und ähnliche Menschen manchmal vor ungeheurer Anspannung zittern, wenn sie bei einer großen buddhistischen Messe dem Altar Weihrauch darbringen. Der Mönch muß sich mit großem Mut bewaffnen, der ihn befähigt, die Toten, die ins Leben zurückkehren, zu zertrampeln, und die Verstorbenen aus dem Schlund der Hölle herauszuziehen.

Die Mönche heute begeistern sich für nebensächliche Angelegenheiten, wollen kaum freundlich und sanft werden und sind nicht in der Lage, die wahre Erleuchtung des Buddhismus zu erlangen. Es ist noch bedauerlicher zu sehen, wie sie Samurai drängen, die buddhistische Erleuchtung zu suchen, und sie dadurch zu nutzlosen Feiglingen machen.

Für einen jungen Samurai ist es unverzeihlich, ans Studium des Buddhismus zu denken, weil das dazu führen muß, daß er zwei Rollen spielt. Wenn er nicht ausschließlich an den moralischen Doktrinen der Samurai festhält und alles andere vernachlässigt, kann er niemals von Nutzen sein. Nur alte Männer können in ihrem zurückgezogenen Rentnerdasein zum Zeitvertreib buddhistischen Unterweisungen zuhören. Der Samurai, der Tag und Nacht eine schwere Last von Loyalität und Sohnespflicht auf der einen Schulter und Mut und Gnade auf der anderen trägt, kann seinen Dienst als Gefolgsmann erfüllen.

Rufe ›Fürst, Fürst‹ zur Gebetszeit am Morgen und Abend und zu jeder Tageszeit. Der Verdienst wird nicht kleiner sein, als den heiligen Namen von Amitabha oder heiliger Schriften anzurufen. Der Wächtergott des eigenen Bezirks verleiht einem, wenn man ihn wertschätzt, das Aussehen eines Samurai. Viele Beispiele aus Vergangenheit und Gegenwart zeigen klar, daß ein Samurai, der mit Mut, aber nicht mit einer gütigen Seele ausgestattet ist, seine Familie in den Ruin treiben wird.«

Daizen, durch den Fürsten von seiner Frau getrennt

Die Frau von Daizen war eine Tochter des Nabeshima Ichisuke. Nach ihrer Adoption durch Fürst

Katsushige wurde sie Daizen übergeben. Zur Zeit der Shimabara-Christenrevolte zog sich Daizen die Mißgunst seines Fürsten zu, der ihm seine Frau wegnehmen ließ. Die Frau sandte mehrmals einen Boten zu Daizens Klause, doch er schickte die Briefe ungelesen zurück und sagte: »Ich bin von grenzenlosem Mitleid für sie erfüllt, doch es tut im Herzen weh, selbst wenn mir niemand dabei zusieht, die Briefe von ihr zu lesen, die mir durch meinen Fürsten entrissen wurde.«

Später hörte er ganz auf zu essen, nahm zum Trinken Zuflucht und erzählte anderen: »Nun gibt es nichts mehr, wofür ich leben könnte«, woraufhin er schon bald Blut erbrach und sein Leben beendete. Danach ließ der Fürst der Witwe hundertfünfzig *Koku** Reis zukommen, um ihren Lebensunterhalt zu sichern.

Erobern

Narutomi Hyogo sagte: »Erobern heißt: die Verbündeten erobern. Die Verbündeten erobern heißt, sich selbst zu erobern. Sich selbst erobern heißt, die Situation zu erobern und durch Willenskraft zum eigenen Nutzen zu verändern. Solange Körper und Seele eines

* 5 Scheffel Reis entsprechen 1 *Koku* (1 Scheffel = 36,37 l).

Mannes nicht wie Stahl gehärtet sind, um Zehntausende von Samurai anführen zu können, kann er keinen Sieg über den Feind erringen.«

Wir leben und sterben in diesem Clan

Ein Samurai, der seines Gefolgsdienstes beraubt war, beschwerte sich bei mir: »Es ist unvernünftig, uns zu verbieten, den Clan zu verlassen, so ausgetrocknet und ohne jeden Lebensunterhalt, wie wir hier zurückgelassen wurden. Wenn uns gestattet werden würde, einem anderen Clan beizutreten, könnten wir vielleicht auf die eine oder andere Art überleben. So aber wird uns dieses halbtote Leben ohne Unterhalt bald zu irgendwelchen Schandtaten verleiten.«

Ich antwortete: »Du solltest dankbar sein, daß du den Clan nicht verlassen darfst. Dein jetziges anstrengendes Leben ist eine Lehrstunde durch deinen Fürsten; du bist hier geduldet, ohne deportiert zu werden, weil dein Fürst sich immer noch um dich sorgt. Kein anderer Clan genießt diese enge Beziehung zwischen Fürst und Gefolgsmann. Der Fürst denkt, wohlgemerkt, großzügig darüber nach, dich nach einer Bewährungszeit wieder einzustellen. Rede über ›Schandtaten‹ in ein paar Jahren, wenn sich bis dahin dein Leben nicht zum Besseren gewendet hat. Solche Worte, scheint mir, werden durch deine Entbehrungen erzeugt, die dich ungesunden Groll gegen den Fürsten hegen lassen.«

Darauf murrte er: »Gefolgsleute des Saga-Clans bleiben heutzutage beinahe bis Mittag im Bett und täuschen Krankheit vor, um ihren Pflichten zu entfliehen. Eine schlampige und korrupte Sitte.«

Ich entgegnete: »Darin liegt die Stärke des Clans. Ein kluger Gefolgsmann, der sich taktvoll nach oben manipuliert, fühlt sich eher deprimiert, wenn er nicht belohnt wird. Trostlose Gedanken erschüttern seine Loyalität, weil in seinen Augen ernsthafter Dienst in einem anderen Clan ihm sicher eine hohe Position einbringen würde. Wir Erbvasallen von Saga sind dagegen frei von einem solch wankelmütigen Herzen; wir sind uns sicher, ohne daß man uns das gesagt hätte, in unserem Clan, einem großen Haus, geboren zu sein und dort zu sterben, und so stehen wir unbekümmert spät auf. Kann eine solche Stärke in irgendeiner anderen Provinz gefunden werden?«

Da forderte er mich so heraus: »Wenn die Gefolgsleute dieses Clans sich mit dem unerreichten Nabeshima-Kampfgeist brüsten, ist er anderen Clans überhaupt bekannt? Kein Buch, das ich gelesen habe, hätte ihn je erwähnt.«

Meine Antwort war: »Der wilde Kampfgeist von Nabeshima wurde genau aufgezeichnet. In der Schlacht von Shimabara* zum Beispiel wurden etwa vierhundert Männer getötet, mehr als die Zahl der Toten in einer Armee unserer Größe, als damals das Shogunat des Hojo-Clans in der historischen Schlacht von Genko fiel. Eine wahre Manifestation unseres Kampfgeistes also. Die Fürsten Taiko und Gonken waren sich unserer heroischen Herzen sehr wohl bewußt und belohnten uns verschiedentlich. Diese Fakten sind ein gutes Zeugnis gegen die Menschen, die sie leugnen.«

Wenn der Samurai lange der Gefolgschaft entzogen wird, langweilt er sich, hegt Groll gegen die, die solche Entbehrung verursachen, und redet schlecht von anderen, während sein Glück sich erschöpft und seine Chance auf Wiedereinsetzung in die Gefolgschaft versiegt.

* Christen in Shimabara und Amakusa, Kyushu, wendeten sich 1637 gegen das Verbot des Christentums. Die Nabeshima-Armee griff deren Burg Hara zusammen mit anderen Armeen unter dem Befehl des Shogunats an und hatte viele Tote zu beklagen. Im folgenden Jahr wurde der Aufstand unter Kontrolle gebracht.

Sei vor allem vital

Yamamoto Zen-Jin'uemon pflegte seine Männer auf einfache Art zu ermutigen: »Geht spielen und erzählt einen Haufen Lügen. Solange jemand nicht sieben Lügen erzählen kann, während er einen *Cho* (zirka hundertzehn Meter) läuft, kann man von ihm nicht erwarten, irgend etwas als wahrer Mann zu erreichen.« Diese Worte entstammten seiner Überzeugung, daß wohlerzogene Männer von vernünftigem Denken dieser Tage keine Großtat vollbringen könnten, wo doch Kriegsgeist die einzige wichtige Tugend war, die von einem Samurai verlangt wurde. Er ließ die Leute mit nachlässigem Verhalten so zurück, wie sie waren, gab vor, ihr unschickliches Benehmen nicht zu bemerken, und sagte: »Ich habe etwas Tugendhaftes getan.«

Sagara Kyuma war ein anderes Beispiel. Er vergab seinen Männern, die gestohlen hatten, die Ehe gebrochen hatten und anderes, und er wandelte sie schrittweise in brauchbare Männer um. Er sagte: »Männer dieser Art können sich am besten zu nützlichen Männern entwickeln.«

Halte den jungen Prinzen davon ab, vom Buddhismus infiziert zu werden

Prinz Tsunashige, der seinem Vater Fürst Mitsushige nachfolgen sollte, ersuchte den Priester Cho'on vom Berg Kokuryu um Anleitung beim Studium des Buddhismus. Nachdem er seine Augen für die Lehren des Buddhismus geöffnet hatte, wurde er für ein Zertifikat fortgeschrittenen Lernens vorgeschlagen, eine ständige Quelle des Spottes unter den Leuten seines Quartiers.

Yamamoto Gorozaemon, damals einer der Gehilfen von Fürst Tsunashige und seines Zeichens Claninspektor, suchte den Priester Cho'on in seiner Residenz auf, als er von diesen Gerüchten hörte. Gorozaemon war fest entschlossen, seine Meinung zu sagen und, falls seine Bitte auf taube Ohren stieße, Cho'on mit einem Hieb seines Schwertes niederzustrecken.

Der Priester Cho'on, der ihn für einen gewöhnlichen Gläubigen hielt, trat in seiner einstudiert friedvollen Art auf ihn zu, als Gorozaemon meinte: »Ich muß etwas streng Vertrauliches mit dir besprechen. Bitte schick deine Gehilfen aus diesem Raum.« Dann näherte er sich Cho'on und sagte entschlossen: »Man behauptet, dem Prinzen Tsunashige würde ein Zertifikat für fortgeschrittenes Lernen wegen seines guten

Verständnisses des Buddhismus verliehen. Du bist ja in der Provinz von Hizen geboren und darum mit der Familientradition von Ryuzoji-Nabeshima vertraut, denke ich. Im Gegensatz zu anderen Lehen wird unser Clan, der über Generationen von der Familie geleitet wurde, vom Fürsten und seinen Männern verwaltet, die sich gegenseitig helfen.

Niemals gab es in der Geschichte der Nabeshima-Familie irgendeinen Kopf des Clans, der solch ein Zertifikat für fortgeschrittenes Lernen im Buddhismus erhalten hätte. Wenn dieses Zertifikat irgendwie ausgestellt würde, wäre der Prinz von der Idee besessen, er hätte Erleuchtung erlangt, würde die Meinung seiner Männer als Unfug abtun und nur unglückliche Zwietracht zwischen sich und seine Gefolgsleute bringen. Leute von hohem Stande neigen sowieso schon dazu, eingebildet zu sein, also denk bitte nicht darüber nach, ihm das Zertifikat zu geben. Wenn du meinen Wunsch ablehnst, wirst du den morgigen Tag nicht mehr erleben.«

Der Priester wurde bei den Worten des Besuchers blaß, gewann dann seine Haltung wieder und erwiderte: »Wie bewundernswert deine Absichten sind! Ich verstehe nun die Umstände deines Clans gut. Du bist ein wahrhaft loyaler Gefolgsmann.« – »Ich kenne deinen Trick«, unterbrach Gorozaemon, »ich bin nicht gekommen, um gelobt zu werden; ich kam hierher, um sicherzugehen, daß du diese Zertifikat-Geschichte sein läßt.«

Da versicherte Cho'on ihm: »Dein Wunsch ist einleuchtend. Unter keinen Umständen werde ich ihm je irgendeine Belohnung für seine Studien zukommen lassen.« Gorozaemon bestärkte den Priester noch einmal in dieser Absicht und ging davon. *(Diese Geschichte wurde Yamamoto Tsunetomo von Gorozaemon selbst erzählt.)*

Nimm die Schuld des hingerichteten Vorgesetzten auf dich

Nachdem Nakano Shogen durch *Seppuku* hingerichtet worden war, wurden seine Gehilfen Ishii Kuranojo und Naramura Seibei über das Verhalten Shogens befragt. Kuranojo antwortete: »Shogen hatte von der Angelegenheit keine Ahnung. Das war mein Fehler.« Zu einem anderen Punkt stellte er fest: »Das war meine Tat. Shogens Zeit wurde völlig davon in Anspruch genommen, dem Fürsten zu dienen; wir handelten in allen Dingen aus unserer jeweils eigenen Verantwortung. Während ich einige Angelegenheiten vorbrachte, überließ es Shogen, der damit nicht vertraut war, stets uns, darauf zu reagieren. Alle Fehler waren deshalb meine.«

Der untersuchende Beamte bedrängte Kuranojo: »Nicht alles, was du hier sagst, dürfte wahr sein. Es muß einige Dinge gegeben haben, die Shogen selbst entschied. Sag uns die Wahrheit.« Kuranojo versicherte: »Wenn Shogen am Leben wäre, könnte ich wahrscheinlich ein paar Fakten bezeugen, die ihm zugerechnet werden müßten. Wie es nun steht, erlaubt mir aber mein wahres Herz als Samurai nicht, die Schuld auf den Verstorbenen zu laden, um meiner eigenen Strafe zu entgehen.« Diese Haltung bewegte die Beamten der Befragung tief und bewahrte ihn vor jeder Bestrafung. Seibei dagegen brachte, als er befragt wurde, häßliche Entschuldigungen vor, was seine Fehler ans Tageslicht beförderte, woraufhin ihm befohlen wurde, die Führung seines Hauses aufzugeben.

Einige Zeit danach gab es einen Rechtsstreit wegen der Benzaidake-Grenzlinie. Als die Beamten benannt wurden, die dafür zuständig sein sollten, war Kuranojo schon lange dafür vorgesehen.

Äußere nicht ein Wort, um den Herrn zu belasten

Fukai Nizaemon wurde vom Clan befragt, nachdem er wegen Fehlverhaltens nach mehreren Jahren vom

Posten des Leiters der Osaka-Abteilung abgezogen worden war. Auch seine Diener wurden bei der Rückkehr in ihre Heimat zwecks Befragung an den Hof bestellt. Sie erkundigten sich erst einmal auf Nizaemons Residenz, wie und was sie antworten sollten. Nizaemon erklärte: »Erzählt den Beamten, wie die Dinge wirklich waren. Ich kann euch nicht vorschreiben, wie ihr zu antworten habt.« Er traf nicht einen von ihnen noch mal.

Vor Gericht bestand ein Gefolgsmann Nizaemons darauf, keine Ahnung von dessen Fehltritten zu haben. Als der befragende Beamte ihn streng rügte und drohte, ihn foltern zu lassen, wenn er nicht die Wahrheit offenlege, erklärte dieser: »Man soll die Fehler des Herrn verschweigen, so habe ich es verstanden. Ihr könnt mich zu Tode foltern, ich werde nicht ein Wort gegen meinen Herrn sagen.« Das bewegte alle anwesenden Beamten.

Fukabori Shinzaemon soll diesen Gefolgsmann in den Dienst seines Haushaltes aufgenommen haben. Nizaemon, ein Enkel von Fürst Nabeshima Aki, wurde in die Obhut von Fürst Nabeshima Mondo gegeben.

Sei auf das Ende der Nabeshima-Herrschaft vorbereitet

Anju Doko, Nachkomme des Ishimi-no-kami und dem Ogi-Clan zugeteilt, sagte: »... Menschen halten gerne Zusammenkünfte ab, um zu essen und zu trinken. Das nützt niemandem. Bei solcher Gelegenheit werden Menschen mit einem bißchen Verstand oft dabei gesehen, wie sie ihren Fürsten und seine Minister irgendwelcher Missetaten bezichtigen. Oberflächlich betrachtet scheint solche Kritik lobenswert, doch bloßes Jammern hilft überhaupt nicht.

Wenn Fürst oder Minister sich falsch verhalten und der Clan aufgrund der Mißverwaltung durch die Nabeshima-Familie von einem anderen Fürsten auf Anweisung des Shogunats übernommen wird, müssen die Erbvasallen darüber nachsinnen, wie sie die Nabeshima-Familie nach Zeiten der Fremdherrschaft durch auswärtige Fürsten wieder in ihrem Lehen einsetzen. Zu diesem Zweck muß ein jüngerer Sohn des Fürsten im voraus zum Priester werden. Auch jeder Gefolgsmann muß seine Söhne zu Bauern oder Priestern machen. Nachdem der neue Herrscher in unser Lehen gekommen ist, müssen diese Priester und Bauern sich zusammentun, ihn zu Fehlern und Schmach verleiten und diese öffentlich machen, damit das Shogunat ihn vertreibt.

Nach der Verdrängung aufeinanderfolgender Herrscher müssen die Priester und Bauern das Shogunat bitten: ›Die Provinz Hizen, die seit Generationen von der Nabeshima-Familie regiert wurde, sehnt sich nach den Nabeshima-Fürsten und ist nicht bereit, Außenstehende als Herrscher zu akzeptieren. Wenn der Nachkomme der Nabeshima-Familie, der nun ein Priester ist, in sein weltliches Leben zurückkehren dürfte, um das Hizen-Gebiet zu regieren, würden wieder Frieden und Ordnung im Clan gedeihen.‹ Auf diesem Wege könnte die Nabeshima-Herrschaft wiederhergestellt werden.«

Anju Doko selbst, so vernahm ich, machte seinen zweiten Sohn zum Priester und seinen dritten zum Bauern ...

*Oibara**, das einem Gefolgsmann aufgezwungen wird

Als eine Pflegetochter von Fürst Takanobu mit Fürst Hata Mikawa-no-kami aus der Provinz Karatsu verheiratet werden sollte, erschien dessen Gefolgsmann Yanami Musashi-no-kami als Begleitung für die

* Eine Art des *Seppuku*, die den Sinn hat, »den Namen des Clans vor Schande zu bewahren«.

Prinzessin nach Karatsu. Doch sie war krank geworden und schwebte zwischen Leben und Tod. »Weil meine Anweisung lautet, die Braut nach Karatsu zu begleiten«, sagte Musashi-nokami, »bin ich verpflichtet, ihr durch *Seppuku* in die andere Welt zu folgen, wenn sie nicht gesund wird.« Vergeblich versuchten die Menschen, ihm seinen einmal gefaßten Entschluß wieder auszureden. Die Minister von Fürst Takanobu diskutierten den Fall und beschlossen: »Wenn niemand aus unserem Clan *Seppuku* begeht, um der Prinzessin in den Tod zu folgen, wird der Ruf des Clans getrübt. Dennoch scheint es niemanden zu geben, der sich selbst in der Art des *Oibara* töten will, wenn er darum gebeten wird; mit Ausnahme des Hashimoto Shogen.«

Der arme Shogen wurde vor die Minister bestellt und angewiesen: »... Auch wenn es offensichtlich sehr viel verlangt ist, wird dir hiermit befohlen, beim Tod der Prinzessin *Seppuku* zu begehen.« Shogen entgegnete: »Das ist ein Blitz aus heiterem Himmel! Ein Mann von meinem niederen Stand kann solch einer ernsten Angelegenheit kaum gerecht werden, die einen entscheidenden Einfluß auf den Ruf des Lehens haben wird. Es wäre angebrachter, wenn eure ruhmreichen Herrschaften auf den führenden Positionen durch *Seppuku* sterben würden. Dennoch werde ich euren Befehlen Folge leisten.«

Dann ging er direkt zu dem Gasthaus, in dem sich Musashi-no-kami aufhielt, und informierte ihn: »Ich bin tief in der Schuld der Prinzessin und werde ihr durch *Seppuku* in den Tod folgen, wenn sie stirbt.«

Glücklicherweise erlangte die Prinzessin ihre volle Gesundheit wieder, und Shogen mußte nicht sterben. Die Hochzeit verlief ungetrübt.

Unterdrücke die Eitelkeit eines fähigen Mannes

Fürst Katsushige wollte schon lange Kuno Ichiuemons Lohn wegen seines ausgezeichneten Dienstes erhöhen, zögerte aber, die Angelegenheit vor seinen Schwager Mondo zu bringen, der Ichiuemon nicht leiden konnte.

Als Fürst Katsushiges Besuch zu Ehren von Ichiuemon in dessen Residenz vorbereitet war, informierte Mondo den Fürsten: »Ichiuemon war dem Clan von großem Nutzen, eine Lohnerhöhung scheint sehr angebracht.«

Fürst Katsushige war voller Freude über diese Worte, rief sofort Ichiuemon und verkündete ihm die lange überfällige Erhöhung: »Ich bin erleichtert, daß Mondos bittere Gefühle dir gegenüber sich entscheidend verändert haben. Besuche ihn, um deinen Dank auszudrücken.«

Hocherfreut ging Ichiuemon direkt zu Mondos Residenz, wo er Mondos Diener seinen herzlichen Dank aussprach für die aufmerksame Empfehlung der Lohnerhöhung und für die dreihundert Matten, um den Besuch des ehrwürdigen Fürsten in Ichiuemons Haus vorzubereiten. Nachdem er von seinem Diener über diese Worte unterrichtet worden war, bat Mondo Ichiuemon herein und sagte offen: »Du hast dich in deinem Dienst ausgezeichnet – darum habe ich dem Fürsten eine Lohnerhöhung vorgeschlagen. Der Fürst sollte dein Haus mit einem würdevollen Besuch beehren – darum habe ich dir die Matten geliehen. Das sind meine Gründe, sonst keine. Ich kann mich absolut nicht erinnern, mit dir Frieden geschlossen zu haben. Geh nun und komm nicht wieder her. Was die Matten angeht, laß sie mir danach zurückbringen.« Bald darauf gab Ichiuemon die Matten zurück.

Später, als seine Tage gezählt waren, rief Mondo Ichiuemon an sein Bett und gestand: »Du bist ein sehr talentierter Gefolgsmann; in meinen Augen haben deine Eitelkeit und Arroganz dich aber oft getäuscht. Darum habe ich dich mein ganzes Leben unter dem Deckmantel der Feindschaft beobachtet. Weil es nach meinem Tod niemanden geben wird, der dich zurechtweist, versuche dich selbst so sehr wie möglich zu bescheiden und dem Fürsten noch stärker zu dienen.« Man sagt, Ichiuemon sei voller Tränen der Dankbarkeit nach Hause gegangen.

Ein tapferer Mann in seinen letzten Augenblicken

Während des Aufenthalts des Fürsten in der Provinz Saga spielte Ishii Jinzaemon, der auf dem Edo-Gut des Clans stationiert war, mit Ishii Mokunosuke und gewann dessen Schwerterpaar. Als dieses Spiel ans Tageslicht kam, wurden die beiden Männer zu *Seppuku* verurteilt. Matsuo Kihei, der Sicherheitsbeamte des Gutes, wurde ebenfalls zum Tode in Edo verurteilt und seinem Vater Jurodayu, der mit seinem Sohn auf dem Gut diente, der Gefolgsdienst entzogen.

Jinzaemon wurde zum Lehen zurückgerufen und nach der Befragung in eine Zelle gesperrt. Als er vor Gericht gebracht wurde, soll er den Ratsmitgliedern im Detail von dem Spiel erzählt und gesagt haben: »Mein Fehler hat mich ins Gefängnis gebracht, wo ich auf die kommende Strafe warte. Ich habe nichts, worauf ich mit Bedauern zurückschauen könnte. Nur eines quält mich Tag und Nacht: Ein kleines Loch unter der Dachrinne wird durch Ketten gesichert. Zu meinem großen Verdruß glauben die Menschen, daß ein Samurai in meiner Situation die kleine Öffnung unter der Dachrinne zur Flucht nutzen würde.«

Am Tag der Exekution rief Fuji Kaheiji den Jinzaemon zu der Stelle des Tempels, an der *Seppuku* begangen wurde. Jinzaemon trank mit Kaheiji Abschiedstassen voll Sake, biß ein wenig *Taro** ab und flüsterte: »Wird das nicht herausfallen, wenn ich geköpft werde?« Obwohl Kaheiji verneinte, legte es Jinzaemon beiseite und sagte: »Ich spüre einen Kloß in meiner Kehle und kann ihn nicht hinunterschlukken. Das würde doch unschön aussehen, wenn etwas im abgeschnittenen Teil steckte.«

Dann vertraute er sich Kaheiji an: »Ich bin zwar stolz auf meine unübertroffene Tapferkeit gewesen, für die ich berühmt war, doch am Ende bin ich nur ein Feigling. Wenn ich mich unansehnlich beim *Seppuku* krümme, möchte ich schnell geköpft werden, bevor ich, entgegen meiner üblichen Prahlerei, zuviel Feigheit zeige. Ich höre, daß das gewöhnliche Selbst eines wahrhaft tapferen Mannes sich niemals ändert, wenn er mit dem Tod konfrontiert wird. Mein ruhiges Selbst hat sich bis letzte Nacht nie geändert, als ich hierher gebracht wurde. Zu meinem großen Bedauern

* Der *Taro*: stärkehaltige Knolle eines Aronstabgewächses.

änderte es sich von da an.« Otsuka Sadasuke half Jinzaemon als Sekundant beim *Seppuku*. Laut Kaheiji war Jinzaemons Haltung in seinem letzten Moment außerordentlich lobenswert.

Die Geschichte meines Lebens

Ich wurde geboren, als mein Vater bereits siebzig Jahre alt war. Er sagte stets, es würde ihm nichts ausmachen, mich einem Salzhändler oder einem anderen zu verkaufen. Als Taku Zusho das hörte, meinte er zu meinem Vater: »Fürst Katsushige erzählt mir immer, daß du dich in deinem Gefolgsdienst übst, wenn du nicht von anderen beobachtet wirst. Dein treuer Dienst wird sicher deine Nachkommen für den Fürsten erfolgreich und nützlich machen.« Dann nannte er mich Matsukame, wonach Edayoshi Rizaemon freundlicherweise den *Hakama-tsuke-Ritus** an mir vollzog. Im Alter von neun Jahren wurde ich als Knappendiener zu Fürst Mitsushige berufen und mit dem Namen Fukei belegt. Als

* Bei dieser Zeremonie wird ein Kind zum ersten Mal in das formelle *Hakama*-Gewand gekleidet. Unter den Adligen im 10. Jahrhundert eingeführt, wurde dieser Ritus während der Tokugawa-Zeit sowohl bei den Samurai als auch bei der gewöhnlichen Bevölkerung beliebt.

ich auch Prinz Tsunashige diente, sprang ich gern mit einer Bettdecke auf seine Feuerstelle, ließ mich auf seinem Rücken tragen und veranstaltete allerlei Unsinn. In jedermanns Augen war ich ein echter Bengel.

Als ich dreizehn wurde, ordnete Fürst Mitsushige den Initiationsritus für mich an. Nach einem Jahr selbstauferlegter Beschränkung in meinem Haus meldete ich mich am 1. Mai des folgenden Jahres als Knappe unter dem neuen Namen Ichiju zurück.

... Gedemütigt von denen, die auf mich als Samurai von niederem Rang herabsahen, versuchte ich seitdem, Tag und Nacht herauszufinden, wie ich mich selbst am besten in meinem Dienst anstrengen könnte. Zu dieser Zeit besuchte ich die Residenz von Gorozaemon, um jede Nacht seinen Reden zu lauschen. Eines Nachts sagte er: »Die Alten behaupten, daß der, der von Ruhm und Reichtum angezogen wird, kein Gefolgsmann ist; der, der nicht davon angezogen wird, ist aber auch keiner. Darüber müßt ihr ernsthaft nachdenken.« Als ich darüber angestrengt nachsann, sah ich plötzlich meinen Weg offen vor mir liegen. Gorozaemons Unterweisung lehrte mich, daß der höchste Dienst eines Gefolgsmannes, wann immer nötig, die Einlassung beim Fürsten zugunsten der Sicherheit des Clans ist, und daß man zu diesem Zweck einen Ministerposten gewinnen muß, anstatt unten in der Hierarchie zu verweilen.

Überzeugt, daß man Fortschritt nicht für eigenen Ruhm und Reichtum, sondern für seinen höchsten Dienst suchen sollte, beschloß ich, Minister zu werden. Ein Mann, der schnell auf einen hohen Posten befördert wurde, als er noch jung war, hat sich früher stets als unwirksam herausgestellt, darum mühte ich mich tagein, tagaus und konnte mich in meinen Fünfzigern endlich niederlassen, gelbe Tränen vergießend, wenn nicht gar Tränen des Blutes. Diese Übung kann als Prinzip der »*Kakuzo*-Schule«* bezeichnet werden.

Trotz meines tiefen Bemühens verstarb der Fürst, bevor ich den Posten des Ministers innehatte. Diejenigen, die bereits auf die höchsten Ränge befördert waren, entehrten seinen Namen, wonach ich das wurde, was ich bin.**

Während ich einerseits meinen größten Wunsch nicht erfüllen konnte, als Minister zu dienen, sind auf der anderen Seite meine Jahre beharrlicher Anstrengung auf das Ziel hin vergleichbar mit der letzten Erfüllung. Es ist wahr, wenn ein Mann sich ein Ziel setzt, kann er es auch erreichen.

* Eine *Jujitsu*-Schule, die von Kakuzo, einem Angehörigen des Nabeshima-Clans, gegründet wurde. Er lehrte Kampfringen zu praktischen Zwecken und ohne philosophische Grundlage.

** Ein Mönch.

Diejenigen, um die sich der verstorbene Fürst kümmerte und die nach seinem Tod bestraft wurden, hatten diese Strafe wohl selbst herbeigeführt, weil sie aus Selbsttäuschung handelten, wie ich schon im »Gukenshu« schrieb.

Auch wenn die Geschichte meines Lebens prahlerisch klingt, unergründliches Schicksal hat mich durch mein Leben geführt. Ich enthülle es dir heute, in der Stille des Berges.

Am nächsten Morgen wurden folgende Haikus zwischen Yamamoto Tsunetomo und Tashiro Tsuramoto getauscht:

Eine Schale sorglosen Haferbreis
Schmeckt so warm, wie dein Herz ist,
In einer Winterklause.
Kisui

Vertrocknete Halme der Morgenblüte
Knisternd im Feuer
So leuchtend wie unsere brennenden Herzen.
Furumaru